碧巌の風

木村太邦

春秋社

碧巌の風

目次

碧巌の風

武帝、達磨に問う――第一則「武帝問達磨」

【垂示】垂示《すいじ》に云《い》わく、山《やま》を隔《へだ》てて煙《けむり》を見《み》て、早《つと》に是《こ》れ火《ひ》なることを知《し》り、牆《かき》を隔《へだ》てて角《つの》を見《み》て、便《すなわ》ち是《こ》れ牛《うし》なることを知《し》る。挙一明三《こいちみょうさん》、目機銖両《もっきしゅりょう》は、是《こ》れ衲僧家《のうそうけ》の尋常茶飯事《じんじょうさはんじ》。衆流截断《しゅるせつだん》するに至《いた》っては、東涌西没《とうゆうさいもつ》、順逆縦横《じゅんぎゃくじゅうおう》、与奪自在《よだつじざい》なり。正当什麽《しょうとういんも》の時《とき》、且《しばら》く道《い》え、是《こ》れ什麽人《なんぴと》の行履《あんり》の処《ところ》ぞ。雪竇《せっちょう》の葛藤《かっとう》を看《み》取よ。

【本則】挙《こ》す。梁《りょう》の武帝《ぶてい》、達磨大師《だるまたいし》に問《と》う、「如何《いか》なるか是《こ》れ聖諦第一義《しょうたいだいいちぎ》。」磨云《まいわ》く、「廓然無聖《かくねんむしょう》」。帝曰《ていいわ》く、「朕《ちん》に対《たい》する者《もの》は誰《た》ぞ」。磨云《まいわ》く、「識《し》らず」。帝契《ていかな》わず。達磨遂《だるまつい》に江《こう》を渡《わた》って魏《ぎ》に至《いた》る。帝《てい》、後《のち》に挙《こ》して志公《しこう》に問《と》う。志公云《しこういわ》く、「陛下《へいか》還《は》た此《こ》の人《ひと》を識《し》る否《や》」。帝《てい》云《いわ》く、「識《し》らず」。志公云《しこういわ》く、「此《こ》れは是《こ》れ観音大士《かんのんだいし》、仏心印《ぶっしんいん》を伝《つた》う」。帝悔《ていく》いて、遂《つい》に使《つか》いを遣《つか》わし去《ゆ》きて請《しょう》ぜんとす。志公云《しこういわ》く、「陛下《へいか》、使《つか》いを発《はっ》し去《ゆ》きて取《むか》えしめんとするは莫《もと》道《より》、闔国《こうこく》の人去《ひとゆ》くも、佗《た》は亦《ま》た回《かえ》らず」。

【頌】聖諦廓然《しょうたいかくねん》、何当《いつのひ》にか的《まと》を辨《べん》ぜん。「朕《ちん》に対《たい》する者《もの》は誰《た》ぞ」。還《ま》た云《い》う「識《し》らず」と。茲《これ》に因《よ》り暗《あん》に江《こう》を渡《わた》る、豈《あ》に荊棘《いばら》を生《しょう》ずることを免《まぬが》れんや。闔国《こうこく》の人追《ひとお》うも再来《さいらい》せず、千《せん》古万古空《こばんこむな》しく相憶《あいおも》う。相憶《あいおも》うことを休《や》めよ、清風地《せいふうち》に匝《あまね》く何《なん》の極《きわ》まることか有《あ》る。師左右《しさゆう》を顧視《こし》して云《いわ》く、「這裏《しゃり》に還《は》た祖師《そし》有《あ》りや」。自《みずか》ら（答《こた》えて）云《い》わく、「有《あ》り。喚《よ》び来《き》たりて老僧《ろうそう》の与《ため》に脚《あし》を洗《あら》わしめん」。

『碧巌録』の成立

達磨さんが中国に渡られたのは、ちょうどわが国に仏教が入って来た頃、五二七年というのですが、六世紀の前半ですね。そしてこの『碧巌録』という書物には二人の著者がおられて、一人が雪竇さんで、もう一人が圜悟さんです。雪竇重顕禅師がお生まれになったのは、九八〇年ということになっております。そうしますと、もう一〇世紀の終わり頃ですね。ちょうど一〇〇〇年で雪竇さんは二十歳ですから、主に活躍したのは一一世紀ということになります。そして雪竇禅師より約八〇年遅れて、圜悟克勤禅師がお生まれになっているのです。ですから一一世紀から一二世紀にかけて、わが国では「枕草子」「源氏物語」が世に出てからの約百年の間に、この本のもとができたと言えると思います。

この本は五つの部門から成っています。それを覚えていただくために、他の誰も言っていないですが、あえて言葉にしてみますと、「畳んで二となり、変じ尽くして五となる」というのが、この『碧巌録』なのです。雪竇禅師が二つ――本則と頌――を作っているわけです。それに対して圜悟禅師が三つ――垂示と著語と評唱――を加えているわけです。全部で五つですね。そこを一口で言いますと、「畳んで二となり、変じ尽くして五となる」と、こう言えるわけです。

先輩の雪竇さんが二つのことをしました。六世紀初頭に達磨さんが来られてから約五〇〇年ですよね。その五〇〇年の間にいろいろな禅問答がありました。その五〇〇年間の禅問答の中から、雪竇さんが百則選び出したわけです。そして雪竇さんはその一則一則に、

「七翰林の才あり」といわれた詩人でもありましたから、頌を付けました。そして世に出された書物を『雪竇頌古』と言います。

圜悟禅師は、その『雪竇頌古』をご覧になって、そこに三つのことを加えたわけです。冒頭にある垂示と、さらに著語と評唱の二つを加えて、そして『碧巌録』という書物にしました。つまり『雪竇頌古』に三つの部門を加えて、『碧巌録』にしたということです。

その『碧巌録』に今日から参じようというわけです。どうしてかと言いますと、これは「宗門第一の教科書だ」と言われているのですね。いろいろといい本があるけれども、やはりこの『碧巌録』が一番だと言われてきているわけです。そしてもう一つは、「五家七宗」という言葉があります。その五家、つまり五つの流派ですね。その五つの流派はみな、達磨さんの西来から雪竇さんが生まれる五〇〇年の間に出来上がっているのです。その中から選んだ百則ですから、百花繚乱、読んでみて面白いのではないかと思うわけです。

「雪竇の葛藤を看取よ」

それでは先ず、圜悟さんが付け加えました「垂示」というところから見ていきましょう。

垂示ですから、どんなところに目を当てて、どんなことを腹に据えて読んだらいいか、ということを教えてくれるところです。

「垂示に云わく、山を隔てて煙を見て、早《つと》に是れ火なることを知り」、この意味は分かりますよね。だけど、ここにはどんなことが隠されているのでしょうか。一つの事、事柄を挙げているのですね。「牆《かき》を隔てて角を見て、便《すなわ》ち是れ牛なることを知る」、これも意味は分かりますよね。だけど、どうしてこんなことをここに持ち出したか、ということはいかがでしょうか。

「山を隔てて煙を見て、早に是れ火なることを知り」、山の彼方に煙が上がる。それを見ます。そうしますと、ああ、あそこに火が燃えているなと知る、というのですね。これは面白いと思うのです。眼に見えているのは煙ですけれども、火はどうですか？　見えていないわけです。煙を見て、眼に見えていない火を知るということです。心の眼で、眼には見えない火がそこにあるということが分かる。いわゆる、禅で大事にします無相ということを言っているのだと思うのです。無の姿です。火は相としては見えないわけです。ですけれども、煙が上がっているということによって、あそこに火があるんだと、こういうふうに知ると言っているわけです。「牆を隔てて角を見て、便ち是れ牛なることを知る」。角は見えています。そして、見えない牛がそこを歩いていると、こういうふうに分かるということです。ですから、これは煙と角だけのことではありません。万事がこうだ、ということです。

「挙一明三《こいちみょうさん》」、一を挙げて、三つの角を明らめる。「目機銖両《もっきしゅりょう》」、眼で見て細かい目盛りまで言い当てる、などということは、「是れ衲僧家の尋常茶飯」だと言っております。衲僧とは、ボロ布を纏った僧ということで、禅宗のお坊さんのことを言います。他の宗派のお坊さんを衲僧と言うと失礼に当たります。しかし、禅宗はそれでいいのだというのです。「衲僧家の尋常茶飯」、尋常のお茶やご飯、つまり日常のお茶やご飯をいただくようなものだ。そして、そのようなことは、禅宗の坊主としては当たり前のことであるということです。それがちょっと強く出てますね。

「衆流截断《しゅるせつだん》するに至っては」、衆《もろもろ》の流れを截るということです。私たちが心の中に持っている煩悩の流れを截るに至ると、「東涌西没《とうゆうさいもつ》」、東に現れると思うと、西に没するというのですね。全然反対のところに消えていく。その逆もまた言える。「順逆縦横」、ある時は東に涌き出で西に没する。またある時は西に現れたと思うと東に消えてなくなる。「与奪《よだつ》自在なり」、与えるも奪うも自由自在だということです。これが衲僧のはたらきなのだと、衲僧の日常なんだと言っているわけです。

「正当什麼《しょうとういんも》の時」、これがどのような時かというと、前の句ですね。「衆流截断するに至っては、東涌西没、順逆縦横、与奪自在」の時です。「且《しばら》く道え、是れ什麼人《なんびと》の行履《あんり》の処ぞ」。「且く道え」というのは、答えを要求する時の決まり文句だそうです。さあ、言ってごらん、これはいったいどのような人の行履なのか。「正当什麼の時」、ここでは「衆流截断するに至っては、東涌西没、順逆縦横、与奪自在なり」。これは道理と言いますか、理で言っているわけであり、頭で掴まえているわけです。具体的には、どのような人がどのようなことをした時にそう言えるのか。いわゆる実例ですね。実例をこれから挙げるから、「雪竇の葛藤《かっとう》を看取《み》よ」。葛藤は公案と見ていただいていいと思いますが、雪竇が取り挙げた公案をそういうところからしっかり看て取ってほしいと、こういうことを言っておられるのだと思います。

「廓然無聖」

次が本則です。これが、雪竇さんが取り上げた百の公案、禅問答のうちの、第一番目に持ってきた公案です。「挙す」というのは、取り挙げたということ。「梁の武帝、達磨大師に問う」。前半の主人公は、梁の武帝と達磨大師のお二人です。梁の武帝が、「如何なるか是れ聖諦第一義」と達磨さんに問うたということであります。

梁の武帝という方はここでは悪者になっておりますけれども、大した人だと私は思います。その頃は、お坊さんになるには国の許可が必要だったそうです。今は国の許可は必要ありませんけれども。梁の武帝はたくさんのお坊さんをつくってくれました。お寺もたくさん造りました。そして、何よりご自身が仏教に熱心で、自ら袈裟を纏い、講義をするほどの方でありました。その方が、「如何なるか是れ聖諦第一義」と尋ねたわけです。武帝は梁の国を統治しました。良政を敷いたと思います。これが真諦でありましょうか。一方、寺を建て写経もし、お経の講義もしました。これが俗諦でしょうか。あるいは武帝は聖諦と思っていたかもしれません。武帝はこんな自分に「何の功徳かある」と問い、達磨さんに「無功徳」と返されます。ならば、自分の未だ窺い知れぬ聖なる真理の第一義、極めつきのところとはいったい何かと、尋ねます。そうしますと、意外にも達磨さんは、「磨云く、廓然《かくねん》無聖《むしょう》」と、こういうふうに答えたわけです。

「磨云く、廓然無聖」と。廓然とは、ガラーンとして開けたところを言うわけであります。

私がいつも申し上げている「空開」という世界ですね。空に開けた世界です。ガラーンとした開けがあるだけで、聖なるものなど何一つないという答えを、達磨さんはされたわけです。これは別の言い方をしますと、武帝の問いかけに対して、十牛図の第八図で答えているわけです。ただ一円相があるのみ。その中には何一つない。尊いというものすらないという答えをされたわけです。修行を終えた若者のありようを描いた第七図ではないんです。その若者をも消した一円相のみの第八図で答えているわけです。あるいは武帝は、第七図の若者であったかもしれません。しかしそこを飛び越えて、答えは第八図で出しているわけです。

ですが、それがよく呑み込めなかったんだと思います。続いて武帝は質問いたします。「朕に対する者は誰ぞ」、わしの目の前にいるあなたはいったいどなたか、ということです。尊いものなど何一つないというけれども、わしの目の前にいるあなたはインドから来られた聖者じゃないのか、お聖人ではないのか。お聖人と聞いたからこそ、わしは城へ呼んだんだ、というようなニュアンスでしょう。わざわざ呼んだのは他でもない、聖人と聞いたからこそ呼んだので、「無聖」というんだったら、いったいあなたはどなたか、というわけです。

そうしますと、「磨云く、識らず」、「不識」と答えたというのです。これは立場を動かしていません。不識というのは、やはり第八図です。第一問では分からなかったのだから、第二問では別の答え方をしてあげればよさそうなものですけれども、何を思ったか達磨さんは、第八図を動かないで、しらを切って答えた。「帝契わず」、武帝には分からなかった、というわけです。「遂に」、そういうことで、達磨さんは「江を渡って魏に至る」、北の方に行かれた。梁は南の方にあります。

肝心要のところはここですよね。第一則で、一番大事なことを、どうしてもこれだけは伝えたいと雪竇さんは思ったのでしょう。それでこの二つの問答をここへ持ってきたのだと思います。ですから、八万四千の法門というくらい、いろいろ大切なことはあるわけなのですけれども、私たちにこれだけはしっかりと承知しておいてほしいということで、最も大切なことをここへ持ってきたのだと思います。それは何か。「廓然無聖」ということです。そして、「不識」ということです。

梁の武帝は仏教の信者で、仏教に帰依して、多くの事業をしてくれたのですけれども、尊いということから離れることが出来なかったのだと思います。お聖人という、聖ということです。禅宗のいのちは、無相にあるわけです。姿のないものをどうして見るかにあるわけです。ところが、それに反しまして武帝は聖なる相にとらわれていたのです。これは大変です。どうして大変かというと、煩悩とは何かと問われたら、さっと分かりますよね。説明してもらわなくても分かる。だけど、聖とは何かといわれても、ちょっと分かりません。ましてや悟りとは何かというと、もっと分からないわけです。この聖なるものとして武帝が掴んだものは、どうでしょうか、後生大事に持っていこうと思いますよね。私たちはなかなか執着から離れられないのですけれども、この聖をにぎった人なんかはもっと不自由でしょう。もっと大変だと思います。私たちは、煩悩に苦しんでこんなものほっぽり出したいと思ってもなかなかほっぽり出せないで悩んでいるんですが、武帝のような人は、これはもう無くしては大変だと、大金を持った感じでしょうね。

達磨さんは、聖というものに拘っていると、本当のものが見えないぞ、と言いたい。どんなことであれ一つのものにとらわれると、本当のものが見えなくなるぞ、ということだと思います。ですから、道元さんの言葉を借りれば、「放てば手に満てり」ですよね。どんな大事なものでも、掴んでいると、聖なるものを掴んでいると、後は何も掴めないということです。その聖なるものをほっぽり出せば、掴みたいものを掴めるぞと、自由自在の働きが出来るぞ、掴みたいものをそのつどそのつど掴んでいけるぞ、ということだと思います。

「不識」

「老胡の知を許して老胡の会を許さず」という禅語があります。老胡とは達磨さんと見ていただいていいと思います。達磨さんの知は許すけれども、というこの知が、不識ということだと見たらどうでしょう。達磨さんが不識と言った、そこは許そうということが、「老胡の知を許して」ということ。これはソクラテスを思い出していただきますと、はっきりと不識は分かります。ソクラテスは、無知の知、「自分は知らないことを知っている」と言っていますが、そこだと思います。自分の知識も、自分以外の人の知識もそんなに大して違いはない。ただ一つ何か違いを言えといえば、自分は知らないことを知っていると、こう言いました。達磨さんはもっと強烈ですよね。知らないなんて言えないことです。なにせ問われているのは自分の名前ですから。目の前で、国の権威者、国王から名前を聞かれて、「不識」、知らんと答えた。そういう知だったら許そう、というわけです。

「老胡の会を許さず」、これは、「釈迦も達磨もなお修行中」という言葉があります。これを当てはめればいいのです。ということは、どういうことでしょうか。完成を許さないということですよね。後に、白雲守端禅師という偉い人が出ます。その方が言っているのですが、「祇だ是れ未在」。ここです。

ただ、これは本当に勘違いするところだと思いますが、禅をやっていれば立派な人になれるんだ、立派な人格者になれるんだと。私は、そんなことはつまらないことだと思います。一番大事なのは何でしょうか？　人格者になることでしょうか？　何でも出来る人間になることでしょうか？　一番大事なのは、充実して生きられることではないでしょうか。あくまでも、活き活きと生きるということが一番大事だと思います。変なことを思うから、隙があるから、活き活きと生きられないんではないでしょうか。

このことを、私は「寸心」と表しております。「心に寸分のすきなし」「隙なき心」。普通はそう読みません。普通の言葉としては「ちょっとした心」という意味です。しかし、そのちょっとした心が心のどこをきり取っても隙のない心だったとしたら素晴らしいのではないでしょうか。私はそう思います。そうすると、何かを掴んだ時にも、その掴んだものを通して、限りない開けが感じられるような生き方が生まれてくると思うのです。それが本当だと思います。ですから、「祇だ是れ未在」でいいんですよ。自分でまだまだ、と思っていればいいのです。私たちは、「識らず」というところに限りなきものを見なければならない。識っているというのでしたら限られるのですが、識らずというところに、眼には見えませんけれども、無限なるものがあることを実感できるというのが一番大事なのではないか、と思うわけです。達磨さんが「不識」と答えたところに達磨さんの真姿を拝まねばなりません。垂示でいう「煙を見て是れ火なることを知り」のところです。

「帝、後に挙して志公に問う」、志公という方は摩訶不思議なことが出来た人のようでして、それだけに聖なるものが大好きな武帝にとっては大事な人だったのでしょう。顧問のような存在でいた志公を呼び寄せて、早速、聞くわけです。かくかくしかじかだったけれども、どう思うかと。そうしますと、「志公云く、陛下還《は》た此の人を識る否《や》」。陛下、この人がどなたかわかりませんか、と聞くわけです。武帝が出した問いを、そのまま武帝に返すわけです。「帝云く、識らず」これはまた達磨さんの答えと同じです。しかし、内容は雲泥の差があります。言葉だけが同じで、内容は全く天と地の開きがあるわけです。「志公云く」、そこで志公がちょっといたずらするのでしょう。「此れは是れ観音大士」、王様、あのお方は、あなたが大事にしている観音様ですぞ、いつも拝んでいる観音様なんだ、と。

「仏心印《ぶっしんいん》を伝う」、仏様のお心を伝えようとして、観音様が人間に姿を変えてやってこられたんですぞ、と言いますと、聖なるものの大好きな武帝は、本当に心から悔いて、「遂に使いを遣わし去《ゆ》きて請ぜんとす」。使いを出して、もう一度呼び寄せようとするわけです。この「去」という字は、こちらから向こうへ行くという意味です。武帝の方から向こうへ行って、「請ぜんとす」、招き呼び寄せようとした。そうすると、「志公云く、陛下、使いを発し去きて取《むか》えしめんとするは莫道《もとより》、闔国《こうこく》の人去くも」、国中の人を使いとして出したとしても、全員使いとして出したとしても、「佗《た》は亦《ま》た回《かえ》らず」、あのお方は帰って来ません、と志公が言ったということです。これは帰って来ないということと、そんな必要はないんだということの両方を含ませているのではないでしょうか。

清風、地にあまねく

では頌に入ります。「聖諦廓然《しょうたいかくねん》」、達磨さんが言われた「廓然無聖」を言い換えた同じ意味合いの言葉ですね。「何当《いつのひ》にか的《まと》を辨ぜん」。「あーぁ」というようなため息が聞こえてくる感じですね。聖諦は廓然なんだ、廓然として無聖なんだ。無聖なんだから、的がなくなってしまうというのです。いつの日にか、的をしっかりと掴まえることができるだろうか。肝心要のところ、聖諦廓然の的をいつの日にしっかりと掴まえることが出来るだろうか、ということです。

もう一つの問いです。「朕に対する者は誰《た》ぞ。還た云う、識らず」。やはり識らない。思った通り識らないという答えが返ってきた。この識らずということも、いつ達磨さんの真意を分かってくれる人が出ようか、とも響きます。

「茲《これ》に因り暗に江を渡る」こういうことで、武帝との問答が契わないで、上手くいかなくて、暗々たる気持ちで、人知れず揚子江を渡って北魏に行かれた。「豈に荊棘《いばら》を生ずることを免れんや」。荊棘だけ残して、達磨さんは何一つ生み出すことが出来なかったじゃないか、というのは表面的な意味なんですけれども、それでいいのだという気持ちも含まれていると思うのです。それで十分なのだ、荊棘をまき散らしただけでいいじゃないかということです。聖なることを後生大事にしていく生き方に疑問を与えただけでも大したものだということです。

「闔国の人追うも再来せず」。国中挙げて使いをたてても、もう帰って来ない。「千古万古空しく相憶う」。これは実際に武帝が千古万古空しく相憶うということを、もう帰ってこない達磨さんを偲んで碑に彫りつけたということですね。武帝の気持ちでもあります。

そこから雪竇が言うわけです。「相憶うことを休めよ」。千古万古相憶う、そんなことはやめよということであります。「清風地に匝《あまね》く何の極まることか有る」。これが一番、第一則でいいところだと思うのです。清風です。無相のところです。聖相ではないのです。無相のところ。達磨さんもいません。武帝もいないところです。どんな優れたものでも、あってはいけないのです、無相ですから。時間もないのでしょう。空間もないのでしょう。そういうところから清風が起こるんだということだと思います。

清らかな風というのは聖なるところから起こるのではない。何もないところから起こるのだということです。達磨さんもいない、武帝もいない、時間もない、空間もない、そういう廓然としたところから清風がやって来るのだ。地にあまねく行き渡る清風がやって来るのだ。しかしそれでも、「何の極まることか有る」。それでいてなお、これで全部ということではないんだ、ということです。まだまだ、という実感があるところが大事だと思います。もうこれで十分と言ってしまうと、それで終わりです。まだまだ、というところです。始まりのない昔から、終わりのない未来に向かって、清風が大地一杯に吹き抜けていく。

達磨さんを追いかけることはないんだということになるのですが、雪竇さんは逆に出るのです。「師」というのは雪竇さんです。「師左右を顧視《こし》して云く」、左右をじろっじろっと見回して、大衆でしょうね、聴いている人たちを見回して云く、「這裏《しゃり》に還た祖師有りや」。ここに達磨はいないか、と。そして、「自ら（答えて）云わく」、そりゃあ、そんなこと言われたって誰も答えられませんよね。そこで自分で言われた。「有り」、いるぞ、と。自問自答ですね。ならば、「喚び来たりて老僧の与《ため》に脚を洗わしめん」、それならここへ連れて来い、と。わしの脚を洗ってもらおう、と達磨さんに対してそのような言い方をするわけです。

それはまさにこの聖が抜けた状態なのです。尊いとか、偉いとかいうことが抜けたところです。と同時に、もう誰でもみな達磨だという気持ちです。『無門関』では、「他は是《こ》れ阿誰《あた》ぞ」というところがありました。「釈迦も弥勒も是《こ》れ他の奴《ぬ》、他は是れ阿誰ぞ」というのがありました。

まさにそういうところの消息を言っているのだと思います。「他は是れ阿誰ぞ」これは棒読みしますと「他是阿誰《たぜあすい》」となります。「他是阿誰の宗旨」と言われているところです。「喚び来たりて老僧の与に脚を洗わしめん」という自由自在の働きが出来るようになる、というわけです。「清風地に匝《あまね》く何の極まることか有る」というのが、道理としていう、

「東涌西没、順逆縦横、与奪自在なり」というところです。それを具体的に、

「是れ什麼人の行履の処ぞ」で示すとなると、「喚び来たりて老僧の与に脚を洗わしめん」と、こうなるということです。

広大な悲願を持って生きる

関牧翁老師は、無文老師同様、関精拙老師の法嗣に当たる方ですが、面白い方です。いろいろと忘れられないことを言ってくださっています。ある時、どこかの雑誌だと思いますが、「禅で衆生が救われるか」というアンケートを出されたらしいのです。それに対して、「救われない」と返事したそうです。そうしたら、天龍寺派のお坊様方が、「管長さん、そんなこと言ってもらっては困る。言い直してくれ」と談判しに来たそうであります。すると、以下のようなことを言われたのです。「救われない」と。どうしてかというと、「悲願広大なるゆえに」。悲願の方が大きいのだというのですね。そういうことを言ったけれども、押しかけて来た坊さん方は開いた口がふさがらないような顔をしていたということです。

ですから、修行も決して人格の完成にあるのではないのです。人格の完成もいいのですよ。出来るなら、そうしてもらって結構なのですけれども、そこに根本を持っていくと間違えてしまうのです。一番大事なのは、「広大な悲願を持って生きていく」ということだと、本当にそう思います。そう思って生きていただけたら、と思うわけであります。

そして、この宗門第一の教科書と言われているゆえんは、宗旨の深浅を見極めるためにこれを読むといいのだ、というものです。もう一つの見方としては、自己充実の糧として、ぜひ読んでいただきたい。身体でもって読んでいただきたいと思います。「身読」とか「色読」とか言いますけれども、そういう形で読んでいただくことが大事なのだと思うわけです。

それを現代風に言い直しますと、人間の絶対主体性の確立ということです。人間としての絶対主体性の確立と、その主体と主体との真の交わりの道として、すなわち主体と主体との交流、交通の道として、ぜひこの宗門第一の教科書と言われている、この『碧巌録』にぶつかっていただきたいと思います。

分かる分からないなんて問題ではないのです。そこからどんなことが感じられてくるかです。禅なんてある意味でいい加減です。どうしていい加減かと言いますと、「遠寺の鐘

大観

声を止めてみよ」という公案があるのです。遠寺ですからね、遠いのです。幽かにごぉーんと鳴っている鐘の音を止めてみよ、というのですけれど、ある意味で、止める止めないが問題じゃないというところへ脱するために、そのような問題を作っているわけです。そこが常識と違うところです。

私は『碧巌録』が分かる分からないを超えて、それ以上のものを、ぜひ獲得していただきたいと思うわけです。そうしますと、鐘の音が止まる止まらないなんて問題ではない、となるわけです。そんなものは公案でなくなるだけでなく、無窮の慈味が底から湧いてくるのです。葛藤ではなくなるわけです。そういう力がある書物だと思います。

ただ揀択を嫌う——第二則「趙州至道無難」

【垂示】垂示《すいじ》に云《い》わく、乾坤窄《けんこんせば》まり、日月星辰一時《にちげつせいしんいちじ》に黒《くら》し。直饒棒《たとえぼう》は雨《あめ》の如《ごと》く点《ふ》り、喝《かつ》は雷《らい》の似《ごと》く奔《はし》るも、也《ま》た未《いま》だ向上宗乗中《こうじょうしゅうじょうちゅう》の事《じ》に当得《とうとく》せず。設使《たと》い三世《さんぜ》の諸仏《しょぶつ》も、只《た》だ自《じ》知《ち》すべし。歴代《れきだい》の祖師《そし》も、全提《ぜんてい》し起《え》ず。一大蔵経《いちだいぞうきょう》も、詮注《せんちゅう》し及《およ》ばず。明眼《みょうげん》の衲僧《のうそう》も、自《みずか》らを救《すく》い了《き》れず。這裏《ここ》に到《いた》って作麼生《そもさん》か請益《しんえき》せん。箇《こ》の仏《ぶつ》の字《じ》を道《い》えば、拖泥帯水《たでいたいすい》。箇《こ》の禅《ぜん》の字《じ》を道《い》えば、満面《まんめん》の慚惶《ざんこう》。久参《きゅうさん》の上士《じょうし》は、之《これ》を言《い》うを待《ま》たず。後学初機《こうがくのしょき》は、直《た》だ須《すべか》らく究取《きわ》むべし。

【本則】挙《こ》す。趙州衆《じょうしゅうしゅう》に示《しめ》して云《いわ》く、「至道難《しいどうかた》きこと無《な》し、唯《た》だ揀択《けんじゃく》を嫌《きら》う、と。纔《わずか》に語言《ごごん》有《あ》れば、是《こ》れ揀択《けんじゃく》、是《こ》れ明白《めいばく》。老僧《ろうそう》は明白《めいばく》の裏《うち》に在《あ》らず。是《こ》れ汝還《なんじは》た護惜《ごしゃく》する也無《や》」。時《とき》に僧《そう》有《あ》り、問《と》う、「既《すで》に明白《めいばく》の裏《うち》に在《あ》らずんば、箇《こ》の什麼《なに》をか護惜《ごしゃく》せん」。州云《しゅういわ》く、「我《われ》も亦《ま》た知《し》らず」。僧云《そういわ》く、「和尚《おしょう》既《すで》に知《し》らずんば、為什麼《なにゆえ》にか却《かえ》って明白《めいばく》の裏《うち》に在《あ》らずと道《い》う」。州云《しゅういわ》く、「事《じ》を問《と》うは即《すなわ》ち得《よ》し、礼拝《らいはい》し了《おわ》らば退《しりぞ》け」。

【頌】至道難《しいどうかた》きこと無《な》し、言端語端《ごんたんごたん》。一《いち》に多種《たしゅ》有《あ》り、二《に》に両般無《ふたとおりな》し。天際《てんざい》に日上《ひのぼ》り月下《つきくだ》り、檻《てすり》の前《まえ》に山深《やまふか》く水寒《みずつめた》し。髑髏《どくろ》識尽《しきつ》きて喜何《きなん》ぞ立《おこ》らん、枯木龍吟《こぼくりゅうぎん》して銷《き》ゆるも未《いま》だ乾《かわ》かず。難《かた》し難《かた》し。揀択《けんじゃく》と明白《めいばく》と、君自《きみみずか》ら看《み》よ。

「乾坤せばまり、日月星辰一時にくらし」

垂示からまいります。これはどうでしょうか。これを読んで何か感じませんでしょうか。東北の大震災を思わせます。神戸も震災はあり、それだけでも大変でしたが、東北のほうは、震災に加えて津波と原発が追い打ちをかけますから、まさにそのことを言っているようにも聞こえるのではないでしょうか。

「垂示に云わく、乾坤窄《せば》まり」、天地がぐぅーっと小さくなってきた、狭まってきた、縮んできた。「日月星辰一時に黒《くら》し」、日月星辰が一時に灯りを失った、光を失ったようだ。そういう状態の時、「直饒《たとえ》棒は雨の如く点《ふ》り」、徳山和尚が現れて、どんなに棒を振り回しても、「喝《かつ》は雷《らい》の似《ごと》く奔《はし》るも」、臨済禅師が現れて一喝して走り回っても、「也《ま》た未だ向上宗乗中の事に当得《とうとく》せず」。この「向上宗乗中の事」というのは、この「至道」ということだと思っておいてください。ここで取り上げている至道ということには行き届かないぞ、というわけです。

「設使《たと》い三世の諸仏」、徳山や臨済だけではなく、過去、現在、未来にお出ましの三世の諸仏、三世三千諸仏といいますが、三千の諸仏方が現れても、何ともしようがない。「只《た》だ自知《じち》すべし」、自らの限界を知るだけではないか。「歴代の祖師も、全提し起《え》ず」。活溌溌地の達磨さん以下の歴代の祖師方が現れ出ても、「全提し起ず」、その力を発揮しようにも発揮出来ないのではないかということです。「一大蔵経も、詮注し及ばず」。五千四十八巻という「一大蔵経も、詮注し及ばず」。人生のことに関して、といいますが、この世に起こることで何一つ触れてない事柄はない、全部このどこかで語っているぞ、と言われるのが一大蔵経であります。それも「詮注し及ばず」、このことだけは触れてないのではないか、ということです。「明眼の衲僧も、自らを救い了れず」。悟りの眼がはっきり開いたと自負する禅僧方も、こうなると他人は当然のこと、自らも救いきれないのではないか。「這裏《ここ》に到って作麼生か請益《しんえき》せん」。さあ、ここに到ってどうやってもう一ひねりしたらいいのか。「箇《こ》の仏の字を道えば、拖泥《たでい》帯水。箇の禅の字を道えば、満面の慚惶《ざんこう》」。「仏の字を道えば」、ここで仏という字をちらっとでも口から出せば、自分ではいかんとも出来ず、三世の諸仏もいかんともせざるところですから、「拖泥帯水」、自分の顔に泥を引っ掛けるようなものだ。「箇の禅の字を道えば」、禅という字を使ったならば、「満面の慚惶」、まことに顔全体恥ッ晒しだ、というわけです。仏の字も使えない、禅という字も出せない。「久参の上士は、之を言うを待たず」。長いことこの道を歩んできた方々には、別に改めて言うことではないけれども、ご承知だろうけれども、「後学初機は、直《た》だ須らく究取《きわ》むべし」。今初めて学ぼうとする初心の者は、「直《た》だ須らく究取むべし」、ただ須らく、この第二則をしっかりと極めてほしい、弁えてほしいというのが、この垂示であります。

揀択か、明白か

そこで、本則にまいります。「挙す。趙州衆に示して云く」、趙州和尚が人々に示して言いますのに、「至道難きこと無し」。「至道」です。至る道、道の極まるところ。垂示で言いますと、「向上宗乗中の事」というところです。第一則で言いますと、「聖諦第一義」というところだと思います。そこは「難きこと無し」、難しいことは決してないと、趙州和尚は言われるわけです。「唯《た》だ揀択《けんじゃく》を嫌う」。これはいい、あれは駄目だという、私達が日常拠っている分別が、揀択ということです。いいとか悪いとか、俗諦とか真諦とか、二つに分けることを嫌うのだと言うのです。俗諦と真諦と二つに分けまして、その上に聖諦第一義と第一則は置いたわけでありますが、その聖諦第一義、つまり俗諦と真諦がひとつになったところ、揀択がないところ、そこが至道なのだから、揀択さえなければいい、とこう言うわけです。「纔《わずか》に語言有れば、是れ揀択」。ちょっとでも言葉に出してしまうと、もう揀択だというのです。それで「不立文字」と言います。あるいは、「声前の一句」と言います。声に出してしまったらもう揀択だ。声に出す前のその心です。「纔《わずか》に語言有れば、是れ揀択、是れ明白《めいばく》」。ちらっとでも言葉に出すと、もうそれは揀択か明白かのどちらかだと言うのです。

ここでは揀択と明白が、第一則の俗諦と真諦にあたっています。揀択といいますのは、言葉を変えますと、一つ一つの事柄、差別でいいと思います。明白とは、『無門関』で「平常心是道」というのを見ましたよね。南泉和尚と趙州の問答でありますが、そこで南泉和尚が、「知は是れ妄覚、不知は是れ無記」と言っています。知と不知に分けまして、知っているというのは妄覚なのだと。妄想なのだということです。不知、知らないというのは何かと言いますと、無記だと言っています。ここでの明白とは、その無記と取っておいたらいいと思うのです。「是れ明白」という明白とは、平等というよりも無記だと思います。

「老僧は明白の裏《うち》に在らず」。明白というのは無記なのだから、いわゆる、大灯国師の言われる狐の穴なのだから、この儂《わし》、趙州和尚は、明白のうちにもいないぞ、というわけです。差別の世界、つまり妄覚の世界にも、無記の世界にも自分はいない。妄覚の世界はもちろん、明白の世界、無記の世界にもいない、とこういいまして、「是れ汝還《は》た護惜する也《や》無」。儂はそうだが、君たちはそれでも護惜するかな、と一方的に問いかけているわけです。

そうしますと、「時に僧有り」。その時にある僧がおりまして、進み出まして問うわけであります。「既に明白の裏に在らずんば、箇の什麼《なに》をか護惜せん」。既に明白のうちにもいないと言うならば、いったい何を惜しみ護る、つまり大事にするのですか、というわけです。趙州和尚とこの質問した僧との間では、明白ということの取りようが違うということが、一つ考えられます。趙州和尚は、無記という意味で明白を使っているのだと思います。ところがこの僧は、揀択と無記と二つに分けて、揀択は差別、明白は平等と取っているのでしょう。平等のうちにある、と言うのであれば分かる、というのでしょう。平等のうちに老師様がいらっしゃるというのであれば分かるけれども、平等の中にもいらっしゃらないというのでしたら、いったい何を大事にしていくのですか、という問いです。

「州云く、我も亦た知らず」。ある意味でよく分かる質問なのですけれども、それに答えないのです。儂もそこのところは知らない、というわけです。二人は立場が違うのですから、一つの言い方で言えば、立場の違いを教えてやればいいようなものなのですが、そうしないで、「我も亦た知らず」というのです。そしてこれが至道無難なのだ、ということなのです。このことを僧は分別で問うているわけです。それを相手に分からせると言うことは、趙州和尚をしてもまことに面倒だったのでしょう。面倒という言い方が悪いとすれば、難しかったのでしょうね。それで無難の方に行くのです。「我も亦た知らず」で通してしまうのです。達磨さんも「不識」でした。ただ天地一杯の「不知」であり「不識」です。答えているのです。

僧も食いさがります。「僧云く、和尚既に知らずんば、為什麼《なにゆえ》にか却って明白の裏に在らずと道う」。そんな無責任なこと言わないでくださいよ、お師匠さん、ということですよね。だったらなぜ先ほど、自分は明白のうちにあらずとおっしゃったんですか、と。しかし趙州和尚は全く聴く耳を持たないのです。いえ、聴く耳があるからこそ、次のように言います。「州云く、事を問うは即ち得《よ》し、礼拝し了らば退け」。「よく問うた。でも問いはそこまでだ。礼拝して下がりなさい」というように言ったということです。

聖諦第一義に立つ

このように言いますと、趙州という人は、言いたい放題言って、これでは雲水がかわいそうだ、と言われそうですけれども。立場が違うのですよね。

ですから、第一則ですと、俗諦があって、真諦がある。そしてそれらを一つにしたところに聖諦第一義という世界があるというのです。そうしますと、私たちは俗諦に住んでいるわけですね。そこで、俗諦に住んでいる限り、やはりこの『碧巌録』は読めないということになります。自分のいる立場、視座を変えなければいけないのです。俗諦を出て、一挙に聖諦第一義にまで持っていかなければならないということだと思います。たとえ真諦に身をおいても分からないと思います。俗諦には現実というものがあります。ですから、俗諦を捨ててしまうのではなく、俗諦と真諦とを一緒にして、聖諦第一義というところに自分を持っていって、そこから読むしか、この『碧巌録』を読む読み方はないと私は思います。

私もよく言われて育ったほうなのですが、「語録」の一つの読み方はいわゆる人生経験だとよく言われます。いろいろ辛い目にあった、その人生経験から読んだらいいのだ、人生経験を基にして読んだらいいのだと言われてきました。でも今思うと、それもそうなのですが、どこかでかったるいところが残るのです。やはり何としても、この『碧巌録』を読もうと思ったら、自分の立場を聖諦第一義に置いてこそ、初めてすっきりと読めるのではないかと、私は思うわけであります。

ですから同じ言い方をしますと、公案を通るというのも同じですよね。これは雲水にも言うのですが、言っても分かってくれませんね。例えば、白隠禅師は遠寺の鐘声を聞いて悟ったお方です。ですから、無字の拶所の一つとして、遠寺の鐘声を止めてみろ、という公案をのこしてくれているんですね。どうすれば、今ごぉーんと鳴っているあの鐘の音を止めることが出来るのか。でも、自分を俗諦に置いている限りわかりませんよ、これは。真諦においてもだめでしょう。やはりこの公案を基として、良い機会として、一気に自分を聖諦第一義に持っていくことが必要なのです。というか、それをしないで、何を言ってもだめですよね。大事なのは、自分のいる場所を変えることです。

そして、本来は誰でもそこにいるはずなのです。お釈迦様が生まれたときに、天上天下唯我独尊と言われましたが、あれです。あそこに自分を置くのです。「独」ですから、分別は持ち出さないですよね。「私」と「あなた」の世界ではないのです。一人の世界です。それも、小さいところで一人ではないのです。天地一杯、しかも一人の世界なのです。そこへ身を置いたならば、遠寺ですから距離がありますが、その距離もないのです、そして同じように、時間もないのです。私たちは、時間と空間の中に住んでいるわけです。そこで鈴木大拙先生は、アメリカで話をされた時に、開口一番、自分はこれから時間と空間を超えた話をいたしますと言って話をされた、ということをある人が語っています。時間と空間を超えた世界の話。そうしますと、遠寺の鐘声を止めるといったことも、どうってことはない、すーっと出来る、というわけですね。ですから、その自分の立場を変えない限り、『碧巌録』ならば『碧巌録』の話は分からない、といった世界のことなのだということを理解していただきたいと思います。

天地一杯の柏樹子

そしてそのための一番てっとり早い方法論として坐禅があるということだと思います。坐禅だけとは言いませんけれども、坐禅がある。今日私は寺で、『無門関』の「庭前の柏樹子」の話をいたしました。「如何なるか是れ祖師西来意」。達磨さんがはるばるインドから遙かな空間を超えて中国へやって来たのはなぜですか、どんな心なのですか、ということに対して、「庭前の柏樹子」と言っているのです。これはどういうことでしょうか。庭先の柏の樹を見よ、ということでしょうか。君の目の前にそびえているあの柏の樹を、本当に君が見ることが出来たら、達磨さんがはるばるインドから中国へやって来たなどということは問題ではなくなるだろう、と、こういうことだと思います。そこに明らかに達磨さんのお心が出ている、見えるはずだ、というわけです。

「明々たり祖師の意」という言葉もございますが、はっきりと看て取ることが出来る。そしてそのためにはどうしたらいいか。それが「庭前の柏樹子」の公案なのです。「無字の公案」も同じです。「庭前の柏樹子」の中に自分のすべてをつぎこむのです。「庭前の柏樹子」という公案の中に自分のすべてをつぎこむということは、坐禅して拈提するわけです。朝から晩まで、晩から朝まで、ばかになってと言われます。すると、坐っていない時でも、しばらく経つとやはりどこかで「無、無」と言っているのです。「庭前の柏樹子、庭前の柏樹子」と、坐禅しているわけでもないのに、それが離れなくなるのです。いわゆる「三昧」に入るんです。「雑用心」という言葉があります。雑用心する力があれば、それもつぎこめ、と言われるわけです。少しでも力が残っていれば、全部「庭前の柏樹子」の中につぎこめと。そうしますと、どうなりましょうか。行き着くところは、天地一杯の柏樹子です。

いのちの実際を見よ

最後に頌を読みます。「至道難きこと無し、言端語端」。そうなると、至道というのは、まことに難しいことはない。言葉の端々までも至道だ、というわけです。「一に多種有り、二に両般《ふたとおり》無し」。一と多種が矛盾しないのです。一のところに多種を見ることが出来るわけです。二のところに両般なしの世界を見ることが出来るわけです。「一に多種有り、二に両般無し」は理の言葉ですが、これを事で言い換えますと、「天際に日上り月下り」、天の彼方にお日様が昇ってくる、お月様が降りていく。「檻《てすり》の前に山深く水寒し」、手摺りの前に迫ってそびえている山はあくまでも奥行きが深く、そこから流れ落ちる水は冷たい。山の深さが眼前に流れ落ちる水の冷たさを増し、水の冷《ひや》やかさがますます山の奥行きを感じさせる。事で同じことをいっているわけです。「髑髏識尽きて喜何ぞ立《お》こらん」。私たちは亡くなって髑髏になります。髑髏になると、喜びも出ようがない。肉も皮もただれ落ちて、髑髏そのものからは喜びは出ようにも出ようがありません。臘八示衆の「心牆壁の如し」のところです。

ところが、「枯木龍吟して銷《き》ゆるも未だ乾かず」と言うのです。冬が来て、葉が皆落ち、枯れ木になりました。ところが、枯木は大風が吹くと、風に吹かれて枝がこすれあって、そこから龍が発するような凄いうなり声を発するというのです。そして、風がひとたび止んで、声が消えました。そして枯木に目をやると、とうてい枯木には見えない。あれだけのうなり声を挙げたという事実が、枯木をそのように見させるのでしょうね。一筋縄にはいかない、決めつけるわけにはいかない、ということです。髑髏からは何の喜びも生じない。それはいい。だけど、枯木はどうか、ということです。そうすると、「難し難し」、難しい、難しい、と言うわけです。「揀択と明白と、君自《みずか》ら看よ」。何が揀択で、何が明白か。それは自分自身で一人一人が見るしかない。最後にこういうふうにおっしゃられるわけであります。

この第二則でぜひ掴んでいただきたいと思うのは、展びる時は天地一杯になり、収める時には髪の毛一本の中に入ってしまうという、そのことをこの第二則からぜひ汲み取っていただきたいと思います。それが我々のいのちの実際なんだと思っていただきたい。大きいときにはどこまでも大きく、小さくなるときには本当に小さくなるこの弾性。ですけれ

道

ども、大小という違いは、私たちの世界での違いですよね。禅の世界で言えば内容は同じ、質は同じなのです。量的には大と小は違いますでしょうけれども、質的には全く同じなのです。全く平等なんです。そこを私たちは生きているんだということを掴んでいただけたらと思います。

ですから、世界のありようを考えることも大事ですけれども、我が身のありようを、足下を見つめることも大事です。我々はついつい外に目が向きますから、世界のことに思いを馳せて、自分の足下を見なくなりがちですけれども、同じですよね。足下をしっかりと見つめるということが、世界を見つめる眼を培っていくことでしょうし、また世界を見てとる知識が、自分の足下を見つめるときに働いていくのだと思います。

結局、二つに分けてはいけないということ。二つに分けることは揀択ですよね。一つとして見ていく、不二として見ていく、それが至道であり、聖諦第一義であるということですよね。ですから、聖諦第一義の立場に立つのは、もっともっと後のことだ、ではないのです。今、私たちは聖諦第一義に立たなくてはならないのです。

ただ、そんなことを言いましても、時節因縁でなかなかそうはいかないわけなんですけれども、氣がついたらいつでもそういう世界が開かれていたというのが、禅の世界であると思います。

日面仏、月面仏――第三則「馬大師不安」

【垂示】垂示《すいじ》に云《いわ》く、一機一境《いっきいっきょう》、一言一句《いちごんいっく》に且《しばら》く箇《こ》の入処《にっしょ》有《あ》らんと図《はか》れば、好肉上《こうにくじょう》に瘡《きず》を剜《えぐ》り、窠《か》を成《な》し窟《くつ》を成《な》す。大用現前《だいゆうげんぜん》して、軌則《きそく》を存《そん》せず、且《しばら》く向上《こうじょう》の事《じ》有《あ》るを知《し》らんと図《はか》れば、蓋天蓋地《がいてんがいち》、又《ま》た摸索不著《もさくふじゃく》。恁麼《いんも》も也《ま》た得《よろ》し、不恁麼《ふいんも》も也《ま》た得《よろ》し、太《はなは》だ廉繊生《れんせんせい》。恁麼《いんも》も也《ま》た得《よ》からず、不恁麼《ふいんも》も也《ま》た得《よ》からず、太《はなは》だ孤危生《こきせい》。二途《にと》に渉《わた》らず、如何《いかん》すれば即《すなわ》ち是《ぜ》ならん。請《こ》う試《こころ》みに挙《こ》し看《み》ん。

【本則】挙《こ》す。馬大師《ばだいし》安《やす》らかならず。院主《いんじゅ》問《と》う、「和尚《おしょう》、近日尊候如何《きんじつそんこういかん》。」大師《たいし》云《いわ》く、「日《にち》面仏《めんぶつ》、月面仏《がちめんぶつ》。」

【頌】日面仏《にちめんぶつ》、月面仏《がちめんぶつ》。五帝三皇《ごていさんのう》、是《こ》れ何物《なにもの》ぞ。二十年来《にじゅうねんらい》曾《かっ》て苦辛《くしん》し、君《きみ》が為《ため》に幾《いくたび》か蒼龍《そうりゅう》の窟《くつ》に下《くだ》る。屈《くつ》。述《の》ぶるに堪《た》えんや。明眼《みょうげん》の衲僧《のうそう》も軽忽《きょうこつ》にすること莫《なか》れ。

"Living in Zen, Living by Zen"

比較的短い則でありますが、なかなか難しい則でもあります。先ず、どのように拝見すればいいのかを示している垂示から入ってまいります。「垂示に云く、一機一境、一言一句に且く箇の入処有らんと図れば」、「入処」とは、お悟りに入るところ、道に出るところです。言い方を変えますと、自覚に出るところです。大拙先生の有名な言葉に、"Living in Zen, Living by Zen"という言葉があります。"Living in Zen"、禅の真っ只中で生きている。これが、我々の本来形、本来そうなんだと言うのです。ところが、そのことに気がついていない、自覚出来ていないと。自覚できたところから、"Living by Zen"という世界が始まると言うことですが、入処というのは、"by Zen"という自覚に出るところです。

一機一境、一言一句ですから、どこにでもころがっている日常生活の一つ一つに、何とか自覚を得てもらおうと、いろいろと世話を焼く。ところが、「好肉上《こうにくじょう》に瘡《きず》を剜《えぐ》り、窠《か》を成《な》し窟《くつ》を成《な》す」と、これがなかなか上手くいかないわけですね。「好肉上」というのは、"in Zen"の世界ですよね。本来好肉上に生きているということをしっかり分かってもらおうと、本当にいろいろと氣を配って試みるのだけれども、却って好肉に傷をつけたり、どうにも身動きがとれないところにまで追い込んでしまう、というのが一番目の垂示です。

それに対して、次は「大用現前して」です。仏法が全体露現したところですね。そこを向上の事ともいい、規則ではしばるにしばれない世界で、そこが、「且く向上の事有るを知らんと図れば」。知ってもらおうとして努めると、「蓋天蓋地」。その世界は、天を尽くし地を尽くしという大きなスケールの場ですから、「又た摸索不著」。なかなか探り当てることが出来ない。

しかし、この向上のところから、はじめて「恁麼《いんも》も也《ま》た得《よろ》し、不恁麼《ふいんも》も也《ま》た得《よろ》し」と。「恁麼」というのは肯定ですね。そうだ、と。「不恁麼」は否定で、そうではない、ということです。そうだと言うのもよろしい。そうでないと言うのもまたよろしい。こういう自由な世界が開けてくる。「太《はなは》だ廉繊生《れんせんせい》」。ただ大きいだけでなく非常に細やかでもあって、これまた分かってもらえない。
そこで逆に、「恁麼《いんも》も也《ま》た得《よ》からず」、そうだと言ってもよくない。「不恁麼《ふいんも》も也《ま》た得《よ》からず」、そうでないと答えてもだめだと。そうすると、今度は「太《はなは》だ孤危生《こきせい》」。寄りつけない、ということです。これまた分かってもらえない。
「二途《にと》に渉《わた》らず」。一機一境とか、大用現前とか、恁麼不恁麼、つまりよろしいとかよろしからずとか、二つに分けないで、「如何すれば即ち是ならん」。どう接したらいいのだろうか。「請う試みに挙し看ん」。ここに良い例があるから、よく見てみなさい、ということです。

「日面仏、月面仏」

そこで、「馬大師不安」という公案になるわけです。「挙す。馬大師安らかならず」。「不安」というのは、病気のことです。健康を害しまして、今際《いまわ》の際に陥っておられたということですが、そこへ院主、つまり寺の主がお見舞いにうかがうわけです。馬大師は、その院主さんに請われてというか、どうかこの寺へ来て、たくさんの雲水をご指導ください、と頼まれたのだと思います。

「和尚、近日尊候如何《そんこういかん》」。ご機嫌いかがですか、と院主がお見舞い申し上げますと、「大師云く、日面仏《にちめんぶつ》、月面仏《がちめんぶつ》」と答えられたということです。

日面仏というのは、千八百年のいのちを持った仏様だそうです。月面仏というのは、一昼夜、一日一夜のいのちを持った仏様だそうです。大きないのちを持った仏様と、小さないのちを持った仏様を挙げられたわけです。

そうしますと、垂示で言います「一機一境」とは、この月面仏から言われたことでしょうか。「大用現前」というのは、日面仏から出た垂示でありましょうか。「日面仏、月面仏」と答えられた。ただこれだけのことなのですが、これをどう受け取ったらよろしいのでしょうか。

なかなか難しい公案であります。お一人は、蓋天蓋地の仏様ですよね。時間的にも途方もない、千八百年と言われる仏様です。それに対しまして、月面仏はある意味では一瞬のいのちしか与えられていない仏様です。それを一口で言われた。ここだけは一氣に読んだ方がいいと思います。「日面仏」、「月面仏」と二つに分けませんで、一息に読む。どのように受け取ったら、馬大師のお心に適うのかというのが、この則の勘所だと思います。

頌の方を先に見てみますと、「日面仏、月面仏。五帝三皇《ごていさんのう》、是れ何物ぞ」と雪竇禅師が歌いあげております。馬大師が、今際の際で吐かれた「日面仏、月面仏」というこの言葉、そのお心が分かると、「五帝三皇、是れ何物ぞ」。中国の皇帝というのは凄い力を持っていたそうですね。五帝三皇とは、その皇帝の中でも優れた方々なのですが、「五帝三皇、是れ何物ぞ」と、こう言えるような大きな境涯があるぞ、と詠いあげているのですね。「二十年来曾て苦辛し」。これは雪竇自身のことを詠いあげているのだと言われています。二十年というもの、儂も苦労してこれを求めた。「君が為に」、この日面仏、月面仏のために、「幾か蒼龍の窟に下る」。海の中に住むと言われている、その蒼龍の住む洞窟に、海千山千の蒼龍の顎《あご》に蔵する宝珠を求めて、自分は何度降りていっただろう。命を危険にさらして、「五帝三皇、是れ何物ぞ」と言われるような大きな心を求めて、蒼龍の洞窟に降りていったことだろう、と。

「屈」。元は、冤罪などの時に、「冤罪だ！」と叫ぶようなときに使われる言葉だそうです。「述ぶるに堪えんや」。「堪述」と書いてありますが、これは反語だというわけですね。それで今では「堪えんや」という読みに変えているわけです。述べたくもない、ということでしょうね。「明眼の衲僧も軽《きょう》忽にすること莫れ」。自覚の出来た、心の開けた明眼を得ることが出来た衲僧がたも、この「日面仏、月面仏」という馬大師のお答えを、「軽《きょう》忽《こつ》にすること莫れ」、軽々しく、粗忽に扱ってはならぬぞ、と、こういうような頌を作っているわけです。

ところで、知に三つあると言われております。一つは、生まれながらに身につけている知。二つ目は、学んで得られる知。最後は、苦しんで得られる知。この三つがあると。先達でもある雪竇さんに言わせますと、最後のこの苦知というのが一番大事なんだということでしょうか。苦しんで苦しんで得られる知。そうしますと、「二十年来曾て苦辛し」という、これが大事なのですね。『白隠禅師坐禅和讃』によりますと、先ず冒頭に、「衆生本来仏なり」と出ていますよね。それは、知に直せば生知でしょうか。誕生したときに、もうすでに持っている智慧。それを雪竇禅師は「二十年来曾て苦辛す」。二十年このかた苦辛して求めてきた。二十年に限りませんが、どうしても歳月が必要のようですね。生まれながらに持っている般若の智慧ですから、幼いときにはっと気がついても悪いわけじゃありませんけれども、「二十年来曾て苦辛す」。そして一呼吸置いて、「君が為に幾か蒼龍の窟に下る」。思えば、日面仏、月面仏を求めて、何度蒼龍の窟に降りていったことであろうか、と。これはもう大変な思いだったというのでしょうね。「屈」。思っただけで身体が曲がるということでしょうね。「屈」です。「述ぶるに堪えんや。明眼の衲僧も軽忽にすること莫れ」。悟りが開けたと豪語する禅僧方であっても、この儂、雪竇に言わせれば、この馬大師の「日面仏、月面仏」という言葉を「軽忽にすること莫れ」と言っているのです。

馬祖大師の本意

そこで最後に、この「日面仏、月面仏」に挑戦してみるわけでありますが、馬大師は、どんなことをこの言葉に託して伝えようとしているのでしょうか。この『碧巌録』には、圜悟禅師による評唱という、いわゆるコメントが付いていています。長くなりますので、この評唱は提示しておりませんが、少し読んでみます。

「馬大師安らかならず。院主問う、和尚、近日尊侯如何。大師云く、日面仏、月面仏と」。これは本則そのままですね。次からです。「祖師《そし》若《も》し本分《ほんぶん》の事《じ》を以《もっ》て相見《しょうけん》せずんば」。本文の事とは、生まれながらに持っている事ですね。「若し本分の事を以て相見せずんば、如何《いかん》ぞ此《こ》の道《みち》の光輝《かがや》くを得《え》ん」。祖師たるもの、この場合は馬大師ですね。いかなる時でも、今際の際でも、本分の事をもって会わなければ、「如何ぞ此の道の光輝《かがや》くを得ん」、と圜悟禅師はおっしゃっています。ですから、単なる見舞いに対する返事と取ってしまったら、「如何ぞ此の道の光輝くを得ん」、というわけですね。

「此箇《こ》の公案《こうあん》、若《も》し落処《らくしょ》を知《さと》らば」、落処、一件落着の落処ですね。「便《すなわ》ち丹霄《たんしょう》を独歩《どっぽ》せん」。この落ち処、決着の処を知ることが出来たならば、朝焼けで赤く輝く空の下を独歩せん、独りで歩くというのですね。天上天下唯我独尊という、そのような気概で、誰一人歩いていない朝日の空の下を独特の境涯で自由自在に歩いて行くことが出来る、とおっしゃっています。

「若し落処を知らずんば、往往《しばしば》枯木巌前《こぼくがんぜん》に路《みち》を差《たが》い去《ゆ》くなり」。もし逆に、落処が分からなければ、往々に「枯木巌前に路を差い去くなり」。辺りは枯木や岩ばかりで、砂漠のような水気のないところに向かって路を歩むことになりはせぬか、ということでしょう。

「若《も》し本分《ほんぶん》の人《ひと》ならば這裏《ここ》に到《いた》って、須《すべから》く耕夫《こうふ》の牛《うし》を駆《か》り、飢人《きじん》の食《じき》を奪《うば》う底《ほど》の手脚《てなみ》有《あ》って、方《はじめ》て馬大師《ばたいし》の為人《いにん》の処《ところ》を見るべし」と、こう言っておられます。

ここで、「耕夫の牛を駆り、飢人の食を奪う」ということは、お百姓さんから牛を奪ってしまう。牛を奪ってしまうと、大中国の広やかな土地ですから、人間だけでは耕しきれません。その耕夫にとってはなくてはならない牛を駆けさせてしまう、その場からいなくさせてしまう。あるいは、飢えた人が、ようやく食事にありつけた、食にありつけた。その食を奪い取るような非情な手並みがあって初めて、馬大師の為人、つまり人を済度する処を見ることが出来る。馬大師の本意を見ることができるぞ、と圜悟禅師がコメントされているわけです。

そうしますと、院主が、「和尚、近日尊侯如何」と問いかけますね。これはどういう氣持ちで院主さんが問われたか。非情でないことだけは確かですよね。人情で、世間の常識的にそう尋ねたのか。それとも、もう重態に陥っている時ということでありますから、そういう時には、祖師たるもの、どのように答えるものか見届けようとして、このように問いかけたものか。そのようなことは一切書いていないのでありますが、いろいろな問い方が考えられます。どのような気持ちで院主が尋ねたにしても、院主さんの気持ちを全部奪い取ってしまうような、そういうような非情な、非人情な強さが、馬大師のこの答えにはあるぞ、ということをおっしゃっているのでしょうか。

常識的に言いますと、「日面仏、月面仏」というお答えですから、いつも仏様と面している、いつも仏様と出会っている、ということが、普通の生知、学知で思いつくところだと思います。別に変わったところはない、と。いつも自分は仏様と顔を付き合わせて生きてきた、ということだと思います。馬大師はたしか八十何歳かでお亡くなりになったと思います。その一瞬、一瞬、どこを切り取っても自分は仏様と面々相対して、顔を付き合わせて生きてきたわい、と。今際の際だって同じだ！　と言うのでしょうけれども、それですと、非情というところは出ませんよね。

「平常心是道」といったのは、趙州でもなく南泉でもなく、この馬大師だと言われています。それを弟子の南泉が、その弟子の趙州の質問に答える時に、「平常心」と使ったのだ、とこういうふうに言われております。出元はこの馬大師です。ですから、まさに平常心を生き抜いた馬祖大師です。その馬祖大師が、今際の際に「日面仏、月面仏」と言われた。これはいったいどんなお心なのか。

何か決めつけますと、垂示にありました、「好肉上に瘡《きず》を剜《えぐ》り、窠《か》を成し窟《くつ》を成す」となって、面白くないわけでありますけれども、ただ、方向としては、何とかこの院主を悟らせたい、本分の事に気づかせたい、ということにあったということが真っ当な見方なのではないかと思います。

だから、人情をもって見舞いに来たのだったら、その人情を取り上げてしまう。明眼の衲僧が見舞いに来たら、自分は眼が開いたという、悟ったというその悟りを奪い取ってしまうような、凄まじい言葉であると、いただいたらいかがでしょうか。どのような人が来ても、その人のいいものも悪いものも、人間的なすべてを奪い取ってしまうような、「日面仏、月面仏」。ですから、本当にお見舞いをしているのはどちらか。院主さんか、それとも馬大師が院主さんのお見舞いをしているのか。

自覚ということ

ところで、この則に関して、室内ではどのような答えが出て来るでしょうか。それは、「ありのまま」ですね。「ありのまま」を答えにしております。「日面仏、月面仏」という馬大師のお答えを、単に「お前さん、何を聴きに来たのだ。見ての通りではないか」ととってしまうと、言葉の上ではその通りだと思います。だけど、そこで私たちは何を掴みますでしょうか。私たちはどう変わって行けるでしょうか。そこが問題ですよね。「見ての通りだ」という答え方で、私たちを変えるような力がいただけるでしょうか。「風が吹けば桶屋が儲かる」という言葉がありますが、確かに辿っていくと桶屋が儲かるのですが、ただ間が開きすぎます。我々をその場でハッとさせるようなものが必要なのです。

我々を変えていくためには先ず、我々が持っているものを奪い取る必要がありますよね。それで空っぽにする。空っぽになったところで私たちが何かに触れる。するとそれがスーッと入ってくる。それで私たちは変わる時は変われる、ということなんだと思います。

本当に七転八倒している時はどうでしょうか。そこが、「五帝三皇、是れ何物ぞ」です。七転八倒ですから、もう苦しみだけですよ。どれだけ名君と言われている五帝三皇の権威も入ってくる隙はありません。一分の隙もありません。私たちは、下手に健康であるがゆえに隙を作ってしまうのです。私たちは通常、お付き合いをしていかなければならないので、一歩なり半歩なり下がってものを考えますが、今際の際になったら、それが出来ない状態でしょうね。ある意味で、本当に自分の主体性のみ、まことに右顧左眄《うこさべん》しないで生きるというところが現れて来るのではないでしょうか。

ところが、私たちはその今際の際には立っておりません。しかし、ほどなくそうなってくるわけです。だんだん歳をとってきますと、「後、五年くらいかな」とか思えて来ますでしょう。しかし、この後五年くらいかな、ということが、先ずまずいと思います。そうではないんです。今際の際の人と同じだ、五年残しているにしても、同じだということ、それが自覚です。ここで私たちが学ばなければならないのは、「日面仏、月面仏」という言葉を出した馬祖と今の私たちが同じだ、という掴み方をしなければいけないのではないでしょうか。それが自覚ということだと思います。

病院でベッドの上にいる方だけが、臨終間際ではないはずです。私たちにも、いつ何が起こるか分からない。だけど、何となく、後二、三年は、なんて思っていますけれども、大事なことは、私たちも馬祖と同じなんだという、そこを掴んで、残り五年あるならば五年生きたいし、三年であれば三年生きることです。後、何年生きられるかは分かりません。しかし、これは臨終の場における馬祖だけの問題ではありません。後五十年生きられる人にとっても、そうなのです。馬祖が何を言ったかということは、大事な問題だと思います。

逆に言いますと、「二十年来曾て苦辛し」てきた雪竇さんも「日面仏、月面仏」に救われているのだと思います。二十年来の苦辛が雲散霧消した一句なのではないかと思います。

しかし、「明眼の衲僧も軽忽にすること莫れ」と言っております。まだまだ、この馬祖の言葉には奥の奥があるぞ。今受け取ったところを最終とするなよ、まだ途中だぞという響きがありますよね。

諸行無常　涅槃寂静

だからこの言葉に触れて、「更に上る一層の楼」という意欲が渾々と湧き上がってこなければいけないのです。人ごとではなく、私たち自身が生きることに関して、この「日面仏、月面仏」という言葉が力となって受け止められるということが大事なのだと思います。

そう受け止められたら、どんな解釈だって一向にかまいません。勇気がずんずんと湧いてきた、と、そういう力を、この「日面仏、月面仏」は持っているのです。五帝三皇も動かすことの出来ない生き方を教えてくれる、開いてくれる、そういうことを念頭においていただければありがたいと思います。

ですから、この則だけで「日面仏、月面仏」を見なくてもいいと思うのです。もちろん今までの解釈はそれはそれでいいのです。しかし、碧巌百則を通して、それがどう変わっていくか、深まっていくか、ということもまた同様に大切なのではないかと思うのです。そこでは「一無位真人」も変わってくるでしょう。いろいろなものが変わっていくと思います。そして、私たちが生きる助けをしてくれるに違いないと思うのです。無理して、いま結論づける必要もありませんし、つけられないと思っております。八十年の生涯を込めての馬祖の末期の一句ですから、じっくり参じていただいたらよいと思います。

青天白日か、時節因縁か――第四則「徳山挟複子」

【垂示】垂示《すいじ》に云《いわ》く、青天白日《せいてんはくじつ》、更《さら》に東《ひがし》を指《ゆび》さし西《にし》を劃《かく》すべからず、時節因縁《じせついんねん》、亦《ま》た須《すべか》らく病《やまい》に応《おう》じて薬《くすり》を与《あと》うべし。且《しばら》く道《い》え、放行《ほうぎょう》するが好《よ》きか、把定《はじょう》するが好《よ》きか。試《こころ》みに挙《こ》し看《み》ん。

【本則】挙《こ》す。徳山《とくさん》、潙山《いさん》に到《いた》る。複子《ふくす》を挟《たばさ》んで法堂上《はっとうじょう》を、東《ひがし》より西《にし》に過《よぎ》り、西《にし》より東《ひがし》に過《よぎ》り、顧視《こし》して、「無《む》、無《む》」と云《い》って、便《すなわ》ち出《い》づ。雪竇《せっちょう》著語《じゃくご》して云《いわ》く、「勘破《かんぱ》し了《おわ》れり」。徳山《とくさん》、門首《もんしゅ》に至《いた》り、却《かえ》って云《いわ》く、「也《ま》た草草《そうそう》にするは得《よ》からず」と。便《すなわ》ち威儀《いぎ》を具《ととの》え、再《ふたた》び入《はい》って相見《しょうけん》す。潙山坐《いさんすわ》りおる次《ついで》、徳山《とくさん》、坐具《ざぐ》を提起《ていき》して云《いわ》く、「和尚《おしょう》」。潙山払子《いさんほっす》を取《と》らんと擬《ぎ》す。徳山《とくさん》便《すなわ》ち喝《かっ》して、袖《そで》を払《はら》って出《い》づ。雪竇著語《せっちょうじゃくご》して云《いわ》く、「勘破《かんぱ》し了《おわ》れり」。徳山法堂《とくさんはっとう》に背却《せむ》けて、草鞋《わらじ》を著《つ》けて便《すなわ》ち行《い》く。潙山《いさん》、晩《ばん》に至《いた》って首座《しゅそ》に問《と》う、「適来《せきらい》の新《しん》到《とう》、什麼処《なんのところ》にか在《あ》る」。首座云《しゅそいわ》く、「当時《とうじ》、法堂《はっとう》に背却《せむ》け、草鞋《わらじ》を著《つ》けて出《い》で去《さ》れり」。潙《い》山云《さんいわ》く、「此《こ》の子《こ》、已後《いご》孤峰頂上《こほうちょうじょう》に向《お》いて草庵《そうあん》を盤結《かま》え、仏《ぶつ》を呵《しか》り祖《そ》を罵《ののし》り去《さ》らん在《ぞ》」。雪竇著語《せっちょうじゃくご》して云《いわ》く、「雪《ゆき》の上《うえ》に霜《しも》を加《くわ》う」。

【頌】一《ひと》たび勘破《かんぱ》し、二《ふた》たび勘破《かんぱ》す。雪《ゆき》の上《うえ》に霜《しも》を加《くわ》え曾《かっ》て嶮堕《けんだ》す。飛騎将軍虜庭《ひきしょうぐんりょてい》に入《い》る、再《ふたた》び完全《かんぜん》し得《う》るは能《よ》く幾箇《いくたり》ぞ。急《きゅう》に走過《そうか》せんも、放過《ほうか》せず。孤峰頂上草裏《こほうちょうじょうそうり》に坐《ざ》す。咄《とつ》。

平等と差別

「垂示に云く、青天白日、更に東を指し西を劃すべからず」。片方は「青天白日」であり、もう一方は、「時節因縁」です。「時節因縁、亦た須らく病に応じて薬を与うべし。且く道え、放行するが好きか、把定《はじょう》するが好きか。試みに挙し看ん」。以上が垂示です。「且く道え、放行するが好きか、把定するが好きか」ということですが、「青天白日」というのは、放行なのでしょうか、それとも把定なのでしょうか。どちらでしょうか。一つが「青天白日」ですね。もう一つが「時節因縁」です。「把定」ということは、ぐっと掴むことです。また「放行」ということは、パッと放すことです。すると、青天白日はどちらでしょうか。把定でしょうか、放行でしょうか。実は、青天白日は把定なのです。

では、この青天白日は『十牛図』で言えば、第何図になるでしょうか。第八、第九、一〇図でいうと、第何図でしょうか。こういったところからしっかり押さえていくことが大事です。青天白日です。どこもかしこも一つということです。これは把定の世界、ぐっと掴んで一つにするところです。第八図の世界です。

それに対して、時節因縁はどうでしょうか。これは放行の世界です。個々の存在を許す世界です。ですから、いろいろな言い方があります。例えば、これから出て来ますけれども、「恁麼《いんも》、恁麼」「不恁麼《ふいんも》、不恁麼」という言葉があります。この「恁麼」とは、そうだ、そうだということです。この、そうだ、そうだということは時節因縁のことですよね。一つ一つ肯定するわけです。「不恁麼」、だめだ、だめだと否定するのは青天白日の世界です。

では、青天白日というのは、平等ですか、差別《しゃべつ》ですか。青天白日というのは平等の世界です。「一つ」という世界です。それに対して、時節因縁は、差別の世界です。

ここで大事なことは、仏教であるからには、両方とも絶対なのです。これが大事なところ、勘所です。平等のほうが差別よりもいいというわけではないのです。両方ともが絶対だというところに、宗教が成り立つわけです。『般若心経』でいう「色即是空、空即是色」というところですね。

ですから、ここの時節因縁という差別の世界は、ただ単なる色の世界ではないのです。「色即是空、空即是色」と、空を通って一転してきた世界、その色です。その色が時節因縁です。言い方を換えますと、自己が無になり、無が自己となった、自己の出来事として、時節因縁となるわけなのです。自己のそのままでは絶対とは言えませんよね。自己が因縁によって空に開かれて、そしてもう一度自己に返ってくる。空が潰れて自己に返ってくる、自己が復活する、その自己の事としての時節因縁です。そういうふうに捉えてほしいのです。

ですが、これはなかなか厄介ですよね。だから、禅では公案に参ずるのです。特に臨済禅ではそうしています。もちろん曹洞禅でもあるわけです。『碧巌録』を読み、『従容録』

うでありますが。

を読むというときは、公案をやっているわけです。ただ、曹洞には参禅という形がないよ

そこで禅では公案を、どのようにまとめるのか。お釈迦さまの時代には「八正道《はっしょうどう》」という言葉があります。八つの正道です。ただ、八つというのはたくさんありすぎますよね。そこでなんだか憶えられないわけです。まぁ、憶えようと思えば憶えられますけど（笑）。そこで「三学」の三つにまで縮めます。三つです。三つだけだったら分かるということです。そこで、公案を三つにまとめたのです。いろいろな面があるのですが、三つにまとめました。宋の時代に、中国から日本に渡ってきました時は、三つだったのです。それは何かというと、一つは「理致《りち》」です。そして「機関《きかん》」と「向上《こうじょう》」、この三つだったのです。それをわが国でだんだんと伝えてきまして、江戸時代中期の白隠さんの時代になると、もっとたくさんになります。八正道に近くなるわけですが、もとの形は三つです。ですので、このもとの形の三つで見ていきます。

この「理致」というのは、今までに出て来た言葉で言えば何にあたるでしょうか。青天白日の世界ですね。ということは、把定の世界です。十牛図で言うと、第八図の世界です。それが理致ですね。言葉を換えますと、『古事記』にあらわれる国常立命《くにとこたちのみこと》がこの世にあ

らわれる以前の世界にまで行った、と言われるのが理致です。国常立命がこの世に出現されまして、世の中が造られていくのですが、それ以前に直入したところ、直に入ったところです。それを理致と言います。

では、「機関」というのは何か。国常立命が出現される前の世界に直入したという、その体験を現実的にどう活かすか、どう生きるか。それが「機関」の問題です。公案をこの三種に分けますと、圧倒的にこの機関の問題が多いと言われています。それくらい、機関というところは大事なのです。

徳山禅師と『金剛般若経』

先ほど『般若心経』と申しました。それに対しまして、『金剛般若経』というお経があります。般若波羅蜜多といいますので、二つとも般若系の経本です。しかし、『心経』は、理に傾きやすいお経なのです。それに対して、事の面を匂わせてくれるのが『金剛経』であるのです。例えば、「応無所住而生其心」、これは『金剛経』の一文です。片方は「色即是空、空即是色」と言い切ります。『金剛経』の方は、「応《まさ》に住する所無くして其の心を生ずべし」。やはり、事の匂いがしますよね。そういう違いがあるのですが、それを一つの言葉で言いますと、『般若心経』の方は、「般若系思想の総要」と言われています。それに対しまして、『金剛経』は、「般若哲学の要文」と昔から言われてきています。その違いがあるわけです。

それで、今日登場します徳山というお坊様は、この『金剛経』が得意の方だったのです。いわゆる講僧だったのですね。今でも「唯識三年、倶舎八年」と言われています。唯識はマスターするのに三年かかる。『倶舎論』は八年を要する。こう言われていますが、徳山は若いときにこれらはもちろん勉強しました。しかし、特に得意だったのがこの『金剛経』だ、というお方だったのです。

ところで、そのころ、馬祖道一の「即心即仏」という主張が大きな力を持つようになっていた。徳山禅師が活躍されるころには、馬祖道一はもう亡くなっているはずですが、馬祖が主張した「即心即仏」、心がそのままで仏だ、ということに、ものすごく腹を立てるわけです。どんなお経にもそんなことは書いていない、何度も何度も生まれかわって初めて仏になれるんだ。今のあなたの心が仏だなんて、そんなばかなことがあるか、と憤慨するのですね。

それで、行ってやり込めてやろうというので、徳山の生まれた中国の西寄りの方から、南方へ下りてくるのです。そこで先ず、茶店でのお婆さまとの遣り取りです。ここでお婆さまにやり込められてしまうのです。南方の仏教を折伏するどころか、逆に茶店のお婆さまにやり込められてしまう。

それは何かというと、「三世心不可得《さんぜしんふかとく》」と『金剛経』は言うわけです。三世の心、つまり過去の心、現在の心、未来の心、この三つの心はどれも掴めない、と書かれているのです。それで、お婆さまは、徳山が『金剛経』の講僧だということが分かって、「ならばお尋ねします。答えられたら点心をさし上げましょう。答えられなかったらお断りします」と言うのです。点心というのはお茶菓子ですが、「心に点ずる」と書きますね。「お坊様、点心をくれと言われましたが、あなたはどの心に点ずるのですか？　たしか『金剛経』には過去心不可得、現在心不可得、未来心不可得とあったはずですが」と、こう聞くのです。そうすると、徳山は答えられなくなるのです。

徳山も、『金剛経』を通して、理致の世界はしっかりと掴んでいるのです。理致の世界とは何か。今言いました、「過去心不可得、現在心不可得、未来心不可得」ということです。しかし、それを現実の場に持ってきて、茶店のお婆さまに「どの心に点ずるのですか」と聞かれると、掴めなくなってしまった、答えられなくなってしまった。理致は徹底しているのですが、現実の場では働かないのです。記者はさらっと書いていますけど、大いに徳山の生き方を批判しているわけです。

まだ話はここで終わりではありません。それから徳山は、龍潭《りょうたん》禅師を訪うわけです。ここで徳山は気が強いんでしょうね、「龍潭、龍潭と聞いて慕ってやって来たけれども、何だ、来てみれば龍もいなければ潭もないではないか」と言うのです。龍というのは、この主の龍潭禅師のことでしょうね。潭というのは、大きな池でしょうか、龍の住むような潭もない。こういうふうに言うのです。すると、龍潭禅師の言葉もこれまた凄いのです。「あんた、親しく来ておるのになぁ」と、こう言うのです。ちゃんと来ておるのに、あんたが見えないだけだというのです。こういう問答があるのです。

そこで、改めて夜を徹して話し合うわけです。夜も深々と更けてまいりました。すると今日はもうこのくらいにしようということになり、徳山は素直に帰りかけるのですけれど、外は真っ暗です。初めての土地なので、真っ暗だと動けません。それで灯りをもらいに帰るのです。すると、龍潭は、そうか、と言って灯りを渡しました。やれ助かったと徳山が灯りを受け取った時、何を思ったか龍潭禅師はフッとその灯りを消してしまうのです。その時初めて、禅の大事というものに徳山は気づくのです。

その禅の大事とは何でしょうか。一言で言えば、「己事究明」ということです。自分が大事なんだと。その時まで徳山が大事にしていたのは『金剛経』ですよね。夜になって、最後に大事にしたのは灯りですよね。自分ではないのです。だけれど、灯りは消されることもある。灯りが消されても、自分が死ぬわけではないということです。大事だと思っていた灯りは人に吹き消されることはあるけれども、この自分はまだ生きているぞ、ということです。そこでがーっと自分の生命が燃え上がったんだと思うのです。そこで徳山は、これが禅か、と承知したのだと思います。そして、明くる日『金剛経』を焼いてしまうわけです。それから龍潭禅師のもとを去って、今日読みます潙山霊祐禅師のもとに行くわけです。

徳山、潙山に会う

五家七宗と言います。その中で最初に出来て、先駆けとなったのが、潙仰《いぎょう》宗です。ですから、その時一番栄えていたのが潙山の道場だと思います。大事なのは灯りではないのだ、自分なんだ。「自灯明」ですね。自分が灯りなんだと気がついた徳山ですから、潙山がどんなに立派だとしても、くそくらえ、というところでしょうね。惑わされんぞ、という気持ちがあったと思います。悟りたてで若くて、十分に分かっていませんからね。それで、一番評判のいい潙山の道場へ行ってみようということです。潙山の道場に乗り込むわけです。それが今日の則です。

そういうわけで、「徳山、潙山に到る」となるわけです。「複子《ふくす》を挟《たばさ》んで法堂《はっとう》上を、東より西に過《よぎ》り、西より東に過り、顧視して、無、無と云って、便ち出づ」。ここにも、新しい徳山が生まれているわけです。その頃、天下一の潙山の道場に乗り込みまして、潙山がいたかどうかは書いておりませんが、お弟子さんたちはズラッとその場に居合わせました。ところが、東から西へ、西から東へ行ったり来たりしながら、その錚々たるお弟子さんたちを「無、無」と言いながら顧視して帰って行ってしまうのです。ちゃんとそこにお弟子さんたちはいるのです。いるのにもかかわらず、「無、無」と。誰もおらんということですよね。あるいは、もっと現代風に訳せば、「ろくなやつはおらん、問答するだけの値打ちのあるやつは一人もおらん」と言って、出ていくわけです。

これはどうでしょう。例えば、こういう話があります。公案が大別して三つだった時代、大応国師が中国から法を持ち帰ります。その法を嗣いだのが大灯国師、そしてそれを嗣いだのが関山国師です。この関山国師は、何度も何度も鎌倉と京都を往復したそうです。だけど、一度も富士山を見なかったというのです。もう夢中なんですね。公案三昧です。公案に夢中で、あの富士山を一度も見たことはなかったというのです。富士山がないわけではない。ちゃんと聳えています。しかし、それでも一度も見たことがないというくらい、公案三昧だったということが伝わっています。

それを別のことで言いますと、「東海道、風そよとも吹かず」ということです。これもまた公案三昧で気づかなかったんだと思います。東海道に風が吹かなかったのではない。しかし、風は眼には見えませんからね。では、こう言い直してみたらどうでしょうか。「国道43号線、車一台通らず」。そんなばかなことはないですよね。車は目に見えますから、あの43号線に車が一台も通っていないはずはない。車は通っているけれど、三昧に入っていると、気がつかないのです。そういったところに禅の難しさがあるとしても、この時は、居並ぶ錚々たるお弟子さんたちをねめ回して、一人として問答する値打ちのある坊主は居らんわい、と言って出ていこうとして、ここでちょっと踏み止まります。

以上のことに雪竇さんが著語して「勘破し了れり」、見破ったぞ、と言っております。

徳山、お前の心根を見届けたぞ、ということでありましょうか。

「徳山、門首に至り」、徳山は山門のところまで帰りかけて、「却って云く、也《ま》た草草にするは得《よ》からず」と。「便ち威儀を具え、再び入って相見す」。相見ということですから、今度は潙山禅師にお会いになったわけです。「潙山坐りおる次《ついで》」、潙山が曲彔《きょくろく》に座っておったのでしょうね、「徳山、坐具を提起して云く」、坐具を差し出して言うと。ここには書いていませんけど、本当は坐具を差し出して三拝してから「和尚」と言うのが礼儀だと思いますが、待ってはいられない、ということでしょうか。坐具を提起して一応の敬意を表して、「和尚」と切り出すわけです。徳山は、三拝するのが礼儀だということを知っているのですが、あえて問題にしないわけです。

「潙山払子を取らんと擬《ぎ》す」。払子を取って相対するのが礼儀となっておりますから、礼儀を弁えない修行者に対しても、潙山は和尚として払子を取って相対しようとした。そうすると、「徳山便ち喝して、袖を払って出づ」。徳山がしたことは、「かーっ」と一喝して、袖を打ち払って回れ右をして出て行ってしまったというのです。

皆さんはここに何を見るでしょうか。例えばこれに対して、勝負なしだ、という人もいるんですが、そんなことはありません。勝負ははっきりしていると思います。この勝負は潙山の勝ちです。潙山は払子を取りに行った。そこでもう勝負は決しているのです。それを見て徳山は回れ右をしたわけです。こう見なくてはならないところだと私は思います。ちょっとした動作ですが、そこに徳山は潙山の禅を見たんだと思います。これは敵わないと。そこで精一杯一喝して回れ右して出て行ったということだと思います。このままじゃ取り込まれる、ということです。そしてまた、宗風の違いを見たと思います。五家と言いますが、自分の家風との違いもまたそこに見たと思います。「雪竇著語して云く、勘破し了れり」。見破ったぞと、雪竇がコメントしております。

「徳山法堂に背却《せむ》けて、草鞋を著《つ》けて便ち行く」。もう徳山は去って行くわけですね。「潙山、晩に至て首座に問う」。潙山は夕方になって第一座に問いかけます。「適来《せきらい》の新到、什麼処《なんのところ》にか在る」。先程の新到は今どこにいるのか。これは、禅堂に入ったかどうかということでしょう。「首座云く、当時、法堂に背却け、草鞋を著けて出で去れり」。いいえ、あの場から、回れ右して去って行きました。「潙山云く、此の子、已後孤峰頂上に向《お》いて草庵を盤結《かま》え、仏を呵《しか》り祖を罵り去らん在《ぞ》」。潙山は、「元気な男だ。孤峰頂上、仏祖もいない誰もいないところで、仏を呵り祖を罵り去らんぞ」と言ったということです。「雪竇著語して云く、雪の上に霜を加う」、雪竇は、また余計なことを言われたものですな、と言ったということです。

そこを頌に詠っています。「一たび勘破し、二たび勘破す。雪の上に霜を加う」、二人の出会いは後世、雪竇禅師にこう言われるが、「曾て嶮堕《けんだ》す」、まことに昔は危ないことをしたものだ。一喝しなければ虜になっていたことだろう、ということでしょうか。「飛騎将軍虜庭《りょてい》に入る」、これがそのことですね、昔の事実を持ってきて、なぞらえて言うのです。「再び完全し得るは能く幾箇《いくたり》ぞ」、潙山和尚のところに行って勝手な振る舞いをして、そして無事に帰れた者が曽て何人いたであろうか。「急に走過せんも放過せず」、徳山は急に走り去ったが、潙山は決して逃がしてはいない。「孤峰頂上草裏に坐す」。孤峰頂上の草むらの茂ったところに押さえ込んでしまった、虜にしてしまった、ということです。「咄《とつ》」とありますが、何とも言えない、ということでしょう。

「何としてか迷到の衆生となる」

第三則は、馬祖大師の今際の際のことでした。そして今日のところは、悟りたての徳山の元気溌剌たる問答です。だけどこの両者は結局一つだ、ということです。共通のところがあります。それが、時節因縁ということです。片や、もう死ぬ間際の問答、片方は悟りたての問答、全然違いますけれども、同じである。その同じところを私たちは見なければいけないのです。馬大師という方は、「平常心是道」を貫いた人でした。仏臭いことは一切言わない方でもありました。ですから雑貨商だと言われたわけです。真金鋪《しんきんぽ》ではない。石頭禅師が真金鋪と言われるのに対して、雑貨商だと言われたのですが、最期に貴重な発言が出ました。「日面仏、月面仏」という言葉を出しています。あれほど「平常心是道」と言い続けた方が、最期は自分の本心をさらけ出しているわけです。そこではまさに真金鋪と言われる石頭と変わりはありません。

いま、ここで、この私が、どう日面仏、月面仏という仏のいのち（「理致」）を現実に働かせることが出来るか。ここに「機関」の公案の眼目があります。その上の「向上」というのは、すべてを取っ払うということです。例えば、戒律も取っ払う、十重禁戒などと言いますが、それも取っ払う。ただ、これは公案を通して理解していただきたいと思います。単にこれだけのことでしたら理屈になってしまいます。なので、一つ公案を通して見ていただきたいと思います。

明治の禅将、伊予八幡浜の禾山禅師がすごい公案を作ってくれています。趙の靖献公という人の故事ですが、「一日雷を聞いて省有り」。雷を聞いて悟ったというのです。「趙公は且く置く」、徳山で言えば、灯りはしばらく置く、金剛経はしばらく置くということですね。己事究明、自己が問題です。「即今聚雨《そっこんしゅうう》盆を傾け奔雷耳を劈《つんざ》く。諸人、試みに自家底を露出し看よ」。これが第一の関門です。雷がゴロゴローっと鳴り、雨がザーッと降ってくる。そのとき皆さんの自家底を露出してみよ。露出ですから、出してみよ、ということですね。

そして第二関はどうかといいますと、その雷がたちまち止みます。「奔雷忽《たちま》ち止む時、自家底、那裏《なり》にか帰する」。雷が止んだら、皆さんの自家底、己事究明の自己ですね。自家底はどこに帰っていくのか、というのです。

最後の第三関は、「雷未だ発動せざる時、自家底、那裏にか在る」。まだ雷が起こらなかった時、発動しなかった時、「自家底、那裏にか在る」と、こう言われたというのですね。第一関は、雷が鳴った時あなたはどこにいるか。第二関は、雷が止んだ時あなたはどこへ帰っていくか。第三関は、雷が起こらぬ前あなたの自家底はどこにいっていたのか、ということです。

これは難しいですが、面白いですね。靖献公が雷の音を聞いてお悟りになった。この時は、雷の音と不二となって天地に鳴り渡っていたにちがいありません。ところが、止んだ後はどうでしょうか、鳴る前はどうでしょうか。第二関、第三関は、そう問いかけるのです。靖献公は雷の出現により雷と自他不二となって、そこにいることが証明されました。ならば靖献公はしばらく置いて、雷はどうなったのでしょうか。靖献公の代わりに雷が答えてくれるということも可能なのではありませんでしょうか。道元さん流にいえば、「すでに法位（雷と自己と不二）に住して、先あり後あり」です。

昔は理致の代表として、本有円成仏《ほんぬえんじょうぶつ》を挙げたのです。これはわかりやすいですね。「本有円成仏、何としてか迷到の衆生となる」。これは大灯国師の法嗣《はっす》である関山国師が作られた公案でありますが、本有円成仏、これが理致だというのです。いわゆる国常立命が出現する以前の世界へ直入した、それが本有円成仏なのです。それを「何としてか迷到の衆生となる」という機関の公案で錬りに錬って、「いざ鎌倉」という時のために対処しておかねばならない、ということです。

芭蕉の話を思い出します。富士川を渡る時に、捨て子がいたそうです。子供が泣きわめいているので、何事かと覗いた。けれど、芭蕉はそのままますたすたと離れて行ったという

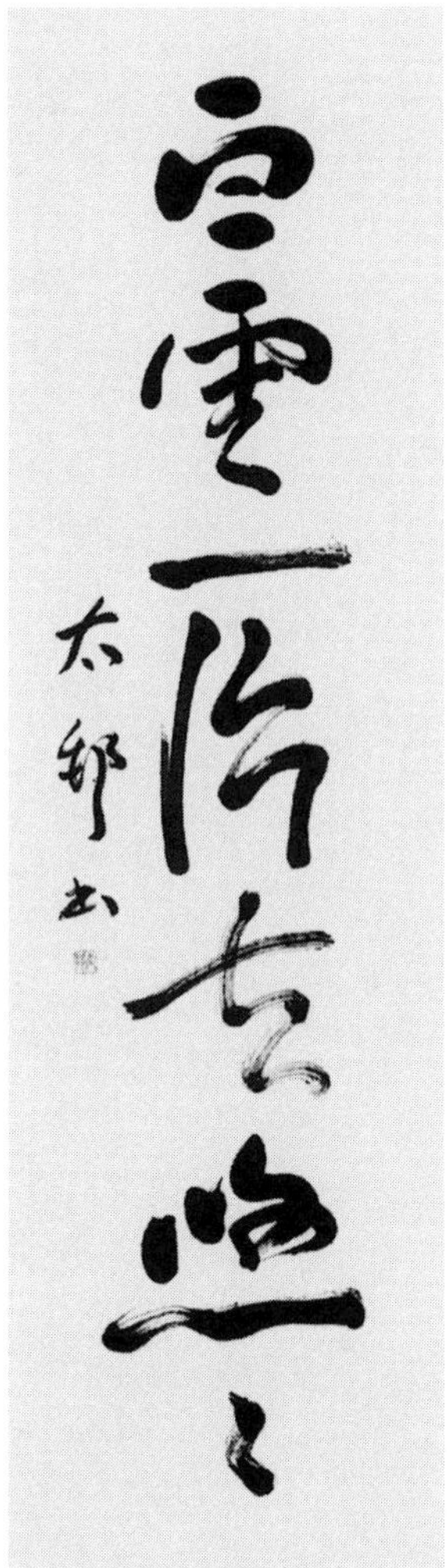

白雲一片悠々と去る

ことです。その時の芭蕉の心は、「おれも捨て子だ」と。「おれも天下の捨て子だ」ということです。芭蕉の思いは何か他にあったのでしょう。やはり、上からの目線というものは、仏教徒であれば決してしてはならないことだと思います。同等の目線でいかなければなりません。赤児に対しても同等の目線で、「おれも捨て子だ」というところに、迷到の衆生たるを自覚した芭蕉の、しっかりとした心をみる思いがします。これをしも「非人情」というのでありましょうか。

鼓を打って普請し看よ——第五則「雪峰尽大地」

【垂示】垂示《すいじ》に云《いわ》く、大凡《おおよ》そ宗教《しゅうきょう》を扶竪《おこ》すには、須是《すべか》らく英霊底漢《ひいでたるじんぶつ》にして人《ひと》を殺《ころ》すに眨眼《まばたき》もせざる底《てい》の手脚《しゅきゃく》あって、方《はじ》めて立地《たちどころ》に成仏《じょうぶつ》すべし。所以《かく》て照用同時《しょうゆうどうじ》、巻舒斉《けんじょひと》しく唱《とな》え、理事不二《りじふに》、権実《ごんじつ》並《なら》び行《おこな》わる。一著《いちじゃく》を放過《ほうか》するは、第二義門《だいにぎもん》を建立《こんりゅう》す。直下《ずばり》と葛藤《かっとう》を截断《せつだん》せば、後学初機《こうがくしょき》は、湊泊《そうはく》を為《な》し難《がた》し。昨日《きのう》恁麼《いんも》なるは、事《じ》已むを獲《え》ざるも、今日《きょう》も又《ま》た恁麼《いんも》なるは、罪過《ざいか》天《てん》に弥《み》つ。若《も》し是明眼《しみょうげん》の漢《じんぶつ》ならば、一点《いささか》も他《かれ》を謾《あなど》るを得《え》ず。其《そ》れ或《あるい》は未《いま》だ然《しか》らざるも、虎口《ここう》の裏《うち》に身《み》を横《よこ》たうれば、喪身失命《そうしんしつみょう》を免《まぬが》れず。試《こころ》みに挙《こ》し看《み》ん。

【本則】挙《こ》す。雪峰《せっぽう》、衆《しゅう》に示《しめ》して云《いわ》く、「尽大地《じんだいち》撮《つま》み来《あぐ》れば、粟米粒如《あわつぶほど》の大《おお》きさなり。面《めん》前《ぜん》に抛向《ほうりだ》すも、漆桶《しっつう》にして会《え》せざらん。鼓《たいこ》を打《う》って普請《ふしん》し看《み》よ」と。

【頌】牛頭《ごず》没《かく》れ、馬頭《めず》回《かえ》る。曹溪《そうけい》の鏡裏《きょうり》塵埃《じんあい》を絶《ぜっ》す。鼓《たいこ》をうち看来《みき》たるも君《きみさとら》見ず、百花《ひゃっか》春至《はるいた》って誰《た》が為《ため》にか開《ひら》く。

雪峰禅師の言いたかったこと

先ず垂示から見てみましょう。「垂示に云く、大凡そ宗教を扶竪《おこ》すには、須是らく英霊《ひいでたる》底漢《じんぶつ》にして人を殺すに眨眼《まばたき》もせざる底の手脚あって、方《はじ》めて立地《たちどころ》に成仏すべし」という文章ですが、ここの部分は、雪峰和尚のことを詠っているのだと思います。大いに持ち上げているのです。英霊底漢だ、雪峰和尚は英霊底漢だというのです。そして、雪峰和尚というのはどういうお方かと言うと、「人を殺すに眨眼もせざる」人だ、顔色一つ変えないで人を殺せる人だ、と言うのですね。そういう言い方をしておられます。

雪峰禅師は、「北に趙州、南に雪峰」と謳われた方です。趙州禅師はずいぶん長生きされた方ですので、歳はだいぶ違うと思いますが、同じ時代に二人は宗教を大いに興されました。特に、南方という地の利もありまして、雪峰禅師の周りには、趙州和尚とは比べものにならないくらいの人物が集まったということです。雲門禅師もそのお弟子さんの一人です。「所以《かく》て」、そういうことで、「照用同時、巻舒《けんじょ》斉しく唱え、理事不二、権実並び行わる」。これは雪峰禅師のはたらきです。それが本則に出ているわけなのです。

「一著を放過するは、第二義門を建立す」。第一義底だけで行きますと分からない。達磨さんに対する武帝がそうでしたね。「廓然無聖」と言われ、「不識」と言われ、わけが分からないままに達磨さんと別れてしまったのですが、そういう時は第二義門を建立できるかどうか。「直下《ずばり》と葛藤を截断《せつだん》せば、後学初機は」、後学初機というのは、学びたての方々は、ということですね、「湊泊を為し難し」、もう寄り付けない。「昨日恁麼《いんも》なるは、事已むを獲ざるも」、昨日そうであったのはやむを得ないことだけれども、「今日も又た恁麼なるは、罪過天に弥《み》つ」。昨日もそうであって、今日も同じであるというのはいただけない。その場合には、罪過が天に満ちていることになる、ということです。

「若是《もし》明眼の漢《じんぶつ》ならば」、眼の明らかな人物ならば、「一点《いささか》も他《かれ》を謾《あなど》るを得ず」。本当に眼が明らかである人物であったならば、雪峰の言詮にまどわされることなく意図をつかもうが、後学の初期の学人でも、「其れ或は未だ然らざるも、虎口の裏《うち》に身を横たうれば、喪身失命を免れず」、虎口の裏、これは雪峰の前のことでしょう、雪峰の前に身を置いたならば、命を失うことは免れないぞ、新しい命にめざめるぞというのです。そして、「試みに挙し看ん」、その一つの例を取り上げるから、よく見てみよ、と圜悟禅師が言っておられるのです。

今の垂示だけでは、何を言っているのか分かりませんよね。そこで、本則を見てみます。「挙す。雪峰、衆に示して云く」、雪峰が、大勢の人々に示して言われるのに、「尽大地撮《つま》み来《あぐ》れば、粟米粒《あわつぶほど》如の大きさなり」と。尽大地ですから、宇宙です。宇宙全体を撮み挙げると、粟米粒ほどの大きさになった、というのです。これは大事な第一点ですね。「面前に抛向《ほうりだ》すも」、その粟米粒ほどの大きさになった宇宙を、面前に放り出すと、「漆桶にして会《え》せざらん」、漆桶の中に放り込んでしまったようで、まったくわけが分からなくなってしまった。そこで、皆の衆よ、と、「鼓《たいこ》を打って普請し看よ」、つまり、太鼓を打って全員集めて、よく見させてみよ、と。以上のような示衆を、ある時おこなったというのです。そして、これが非常に有名な話なのです。

「明珠は掌に在り」

これをどう見るか、ということですよね。まだ分かりにくいと思います。そこで一つ、ヒントとしまして、『碧巌録』の終わりのほうの第九七則にある、雪竇さんの頌《うた》を持ってきました。これを手がかりに迫ってみたいと思います。全部には迫れないとしても、雪峰が何を言わんとしているのか、ということに、この雪竇さんの頌を解きほぐすことによって、迫れるのではないかと思うわけです。次のような頌です。

明珠は掌《たなごころ》に在《あ》り、功有る者は賞す。胡漢来たらざれば、全く伎倆無し。伎倆既に無くして、波旬《はじゅんみち》途を失す。瞿曇《くどん》、瞿曇、我を識《し》るや也《ま》た否《いな》や。復た云く、勘破了《みぬきおお》せり。

雪峰禅師の有名なお弟子さんとして雲門禅師を挙げましたけれども、ともかく雪峰禅師は一五〇〇人の善知識でありますす。そのお弟子さんの中に、これもまたとても有名な玄沙師備という方がおられます。その玄沙師備に、「尽十方世界《じんじっぽうせかい》、是一顆明珠《これいっかのみょうじゅ》」という言葉があります。この言葉が出て来たら玄沙だ、と言われるほど玄沙の言葉として有名なものです。

この玄沙は雪峰のお弟子さんですから、今日の雪峰の示衆は、お弟子さんと一つですよね。尽十方世界です、宇宙です。宇宙が、一顆、つまり一箇の明るい珠だ、とお弟子さんの玄沙師備が言ったのです。それはやはり、雪峰が常々、今日の本則にあるような話をしているから、玄沙はそれに応じて「尽十方世界、是一顆明珠」と言われたのだと思います。ところが、後の世の雪竇禅師は、少し時代が経ちますね。しかし、法系はずっと続いているのです。雪竇禅師は雪峰の法系なのです。だけれども、玄沙の法系とは違います。雲門の法系です。ですので、少し違いますが、雪峰に源を持つことには変わりはないわけです。

尽十方世界という、量り知れないほど大きな世界、廓然たる世界が、一箇の明るい珠だ、と玄沙師備は言いいました。では、お師匠さんの雪峰禅師はどう言ったかといいますと、尽大地、これが尽十方世界ですよね、その「尽大地撮み来れば、粟米粒如《ほど》の大きさ」である、と。粟米粒一粒ほどの大きさであった、ということです。

そこを、後の世の雪竇禅師は、「明珠は掌《たなごころ》に在《あ》り」と詠いあげているのです。玄沙禅師の言われる明珠が、雪峰禅師の言われる尽大地が、掌にある、というのです。そして、「功有る者は賞す」と、こう続いています。功有る者、見性した者、心の眼が開けた者には、賞として渡すぞ、と、「明珠は掌に在り」、その明珠は、儂、つまりこの雪竇の掌の上にある。これを誰にあげようか。それは、見性した者、心の窓が開けた者に賞与するぞ、賞し、与えるぞ、というのでしょうか。けれど、見性したら、もらう必要はないんですよね。見性したところが、もらったというところだと思うのですけれど。

ところが、与えると雪竇が言ったそのものが、面前に放り出したら分からなくなってしまった、というのが、本則の雪峰の話です。雪峰の場合は、面前に放り出したら分からなくなってしまって、褒美として与えることが出来なくなってしまっているのです。「漆桶にして会せざらん」、分からなくなってしまった。そこで、「鼓を打って普請し看よ」、みんなを呼び集めて、みんなで探して見つけて来いと、こういうように言われた意図が、どんなところにあるのか。いったい、何を見つけて来るのか、ということです。

それで、少し雪竇の頌を借りていきたいと思います。「胡漢《こかんき》来たらざれば、全く伎倆無し」と続けております。その明るく照り渡る珠は、そのもの自体には伎倆はまったくないのだ、と言い出すわけです。胡とは外国人のことで、漢とは中国人のことです。「胡来たらば胡現じ、漢来たらば漢現ず」と言いますが、一つの鏡に譬えるわけです。今回の則の頌のほうでもそう詠っておりますね。「曹渓の鏡裏《きょうり》塵埃《じんあい》を絶す」と。塵一つ着いていない、研ぎ澄まされた明珠です。ですから、素晴らしい明珠なのですが、誰も前に来ないと、はたらきがない、ということですよね。「胡漢来たらざれば、全く伎倆無し」、明珠のはたらきが全く現れない。ここら辺まで来ると、明珠というのは、いったい何を言っているのか、だんだん分かって来たのではないでしょうか。喩えとして言ってしまうと、あまり面白くはないのですが、しかし、何をもって明珠と言っているのでしょうか。

「曹渓の鏡裏、塵埃を絶す」

ここで、今日の頌を見てみたいと思います。「牛頭《ごず》没《かく》れ、馬頭《めず》回《かえ》る」。牛頭も馬頭も地獄の鬼だそうです。牛頭がかくれまして、やれやれと思っていると、すぐ馬頭が現れる、というのが第一句です。「曹渓の鏡裏塵埃《じんあい》を絶す」。曹渓というのは、六祖慧能大師のことです。その曹渓の鏡裏ですから、「本来無一物」という六祖の教えをここに持ち出したわけです。曹渓六祖慧能大師の鏡の裏《うち》は磨き抜かれていて、塵一つ着いていない、ということです。塵一つ着いていないのですから、どういうはたらきが出るかというと、牛頭が現れれば、牛頭をしっかりと映すのです。馬頭が現れれば、しっかりと馬頭を映し出すのです。そういうはたらきができるのです。しかし、牛頭も馬頭も現れなければ、何も映さないのです。それを無一物とかけているわけです。

そこで、雪峰は何かを皆に分からせたかった。そこで、「鼓《たいこ》をうち看来たるも、君見《さと》らず」。さとってくれなかった、という歎きです。本則は、「鼓を打って普請し看よ」で終わっています。結果には触れておりません。そこを雪竇は、だめだった、誰もさとれなかった、誰もさとらなかった、というのです。そこで一番最後に、「百花春至って誰が為にか開く」。春になると、たくさんの花が開くが、それはいったい、誰のために開くのか、と疑問を呈しているのです。

以上のことを頭に入れて、九七則の雪竇の頌に返りますと、「胡漢来たらざれば全く伎倆無し」。これはいいですね。鏡ですから、前に人が立たないと何も映しません。ですから、これは役に立たないということです。ですから、これは否定的な表現ですが、第三句では、却ってその役に立たないと言われたことが、凄く役に立つというように一転して行きます。「伎倆既に無くして」、伎倆が全く無いんだということを、もう一度押さえて、その上で、「波旬《はじゅん》途《みち》を失《しっ》す」と。波旬とは悪魔のことです。悪魔も途が分からなくなる。伎倆が全く無いので、役立たずかと思いきや、大違いで、悪魔も全く寄せ付けない、というのです。

さらに、「瞿曇《くどん》、瞿曇」、ゴータマよ、ゴータマよ、と呼びかけるのです。私たちは仏教徒なので、釈尊、と呼びかけるべきですが、名前をもって呼びかけるわけです。「我を識《し》るや也《ま》た否《いな》や」。この儂、雪竇を、あんた分かるか、というわけです。これはいったいどういうことなのでしょう。やはりここでは、世尊も否定されているのです。悪魔波旬もたどり着けない、その人をどうすることも出来ない。そして、ゴータマ、あんたもそんな人物をどうしようもないだろう、とこういうわけです。この雪竇をあんた知っているかい？いや、知らないだろう、とでもいいたいのでしょうか。

また、この「我を識る」の「識る」は、達磨さんが「不識」と答えた時の識るですよね。だから、第一則に出て来た同じ「識」が、この頌の出て来る第九七則でまた使われているのです。

理致と機関と向上と——三種の公案から

このことは言い方を換えますと、前回の第四則でやったことに繋がるのです。一つ一つの『碧巌録』の問答の内容は、「理致」、「機関」、「向上」、この三つに尽きるのです。そしてこの理致に当たるのが、言い方を換えて「法身《ほっしん》」ということになります。「法」というのは達磨さんのことです。公案は、法身、機関、向上の三つで押さえきれるわけです。

白隠さんはもっとたくさん作っています。しかし、あまり多くなると憶えきれないですよね。三つくらいなら憶えられます。「戒・定・慧」の三学なら憶えられますが、六波羅蜜は何だと言われると、だいぶ怪しくなってきます。「八正道」は何かと言われると、似たようなのがあるので、もう分からないですね。

頌の「曹渓の鏡裏塵埃《じんあい》を絶す」というのは、理致ですよね。法身の世界です。鏡が磨き抜かれて塵一つ着いていないというのは法身です。塵一つ着いていない、無一物だからこそ、目の前に来たらその姿を映し出す、一分も違うことなく映し出す、ということになるのです。そこで、「牛頭《ごず》没《かく》れ馬頭《めず》回《かえ》る」ということになるわけです。地獄の獄卒が現れたら、そっくりそのままその姿を映し出す、というのです。

しかし、誰も現れなかったら、それが「胡漢来たらざれば」ですが、それそのものは分からんじゃないか、ということですよね。そこから、法身は法身だけでは、はたらけないんだ、ということになりそうです。法の身体がどれだけ尊いといっても、それだけではたらけないんだ、ということ。何かが必要となるのです。それは何か。

それが、有り難いことに、私たちの色身《しきしん》だと思います。色身を待って初めてはたらける、本当のはたらきが出来るのです。ですから、大事なところは、私たちの色身と、法の身体と言われる法身が一つになったところが大事なのです。どちらか片方だと意味をなさないわけです。そこで、接心をする際には、役位が「二身堅固に」とよく言うのです。この「二身」というのは、色身と法身のことです。このどちらも大事にして、そして大いに精をだしてくださいと言うのですね。

私たちはどうでしょうか。地獄の獄卒が金棒を担いで現れたら、それをありのままに映し出すことが出来るでしょうか。なかなか出来ませんよね。だけど、本当に無一物になったら出来るぞ、というのが、ここで雪竇さんが詠っている頌ですよね。無一物というのは法身です。私たちは法身を求めて修行しますから大事なんですけれども、それだけでしたら必ずしも役に立たないわけです。それが、この現場ではたらけてこそ、本当の値うちが出て来るのです。

澤木興道老師という、曹洞宗の坐禅の神様のような方がおられました。その方のお弟子さんで、内山興正老師という方がおられます。その方が言われました。坐禅しているときは百パーセントなんだそうです。ですが、経行《きんひん》しようとして、坐を崩すときから、少しずつ百パーセントじゃなくなっていくと言うのです。それでは、経行ではなくて、現実にぶつかったときはどうか、というと、なかなか百パーセントではたらけないのです。そこでどうするかというと、また坐禅に返ってくるよりほかありませんよね。錬り直す。錬り直して、またぶつかっていくしかないわけです。

臨済宗のほうでは、これが公案ということでしょうか。室内ということでしょうか。坐禅が出来たからといって、必ずしも公案が透るとは限らない。透らなかったらまた坐禅に戻ってやり直す、錬り直す。それが、公案ではなくて現実です。この世の中の出来事にぶつかったときに、どれだけその百パーセントの坐禅が力となるか、ということです。

それで、テレビドラマの『踊る大捜査線』ですか、「事件は現場で起こっている」と言いますけれども、あれはなかなかいい言葉ですよね。理致というのは、いわば会議室ですよね。お偉いさんがたが、会議室でいろいろ議論し合って、こう行け、ああ行け、と言うわけです。ところが、事件は現場で起きているんだ、こっちのことも考えてくれ、と言うわけですね。会議室と現場はうまくいかない、噛み合わないわけです。

ところが、どうしたら百パーセントの力を発揮できるようになるか、といったら、もう向上の世界へ出るしかないのです。では、向上の世界はどういうところかと言うと、「上に向かう」と書きますが、これは俗語で、「その上」ということだそうです。では、「その上」とはいったい何かと言いますと、これは「仏の上」ということで、仏さんの上、というのがこの向上の世界だということです。

それで、「瞿曇、瞿曇」ということになるのだと思います。「瞿曇、瞿曇」と呼びかけた雪竇の立場は、この向上の立場だと思います。それは悪魔の問題ではない。釈尊ですら手が出ないような、そういう世界を向上の世界というのです。色身と法身が本当に一緒になったような世界、それを向上と呼ぶわけです。われわれは色氣がありますから、ついちょいっと引っかかるのです。ところが、向上というのは、色氣が全くなくなったところです。本当の無一物になったところです。ですから、悪魔もどうしようもない、悪魔も引っかけようがない。仏さん、あんたも同じだ、ということで、「ゴータマ、ゴータマ」というのですね。それは仏の更に上の向上というところから発言しているのですね。そして、ここまで分かってほしいというのが、本則の雪峰の気持ちだと思うのです。それで、「鼓を打って普請し看よ」と言っているわけであります。

人間としての本当のはたらき

本則の出だしで「尽大地撮《つま》み来《あぐ》れば、粟米粒如《あわつぶほど》の大きさなり」と言っているのは、何を表しているのでしょうか。禅の言葉で言えばどういうことになるのでしょうか。それは「無相」ということだと思います。相、姿形が無いということです。宇宙大のものが粟米粒ほどの大きさだ、ということは、形が問題ではない、ということを言っているのだと思います。ですから、形にとらわれている限り、禅は分からないぞ、ということだと思うのです。形から自由になって初めて、禅が分かるのだ。「無相」ですよね。まさに理致というのは、この無相なのです。すると当然、法身というのも無相の世界です。中国の禅問答にあるのですが、法身とは何かと問われて、「法身無相」と答えています。ですから、ここで言えば、「曹渓の鏡裏塵埃《じんあい》を絶す」が無相の世界ですね。

そして、無一物だからこそ、千変万化していくのですよね。よく言いますよね、握っているともう掴めない。何も持っていないということは手が空っぽということであって、だから目の前の物を掴める。ですから、全く伎倆無しというところに、本当にもの凄い伎倆が出て来るのです。世間的に言えば役立たずではないか、と言われる、その役立たずというところが本当の力となって現れる、という世界が禅の世界なんだと思っていただきたいと思います。そして、雪峰禅師も、この公案で、そこをぜひ知ってほしいという気持ちがあると思います。

またそれに対して、以下のことも雪峰禅師は知ってほしいと思っていたと思います。この「無相」ということは、どちらかというと『般若心経』で説く世界です。一方、『金剛経』は「応無所住」ということを説いています。「とどまることなし」、ということです。常に転じている。芭蕉が同じところに二晩ととどまらないという。「応無所住」です。とどまらないからこそ、はたらきが出るんですよね。まさにこの機関、向上にうってつけの言葉が「応無所住」だと思います。仏さんのさとりがどんなに素晴らしいものだとしても、どこにも尻を据えない。だから「ゴータマよ、ゴータマよ」となってしまうのですね。ここでは悪魔だけではなく、仏さんも同じなのです。悪魔を退けるけれども、仏をも退ける、

南山に鼓を打てば北山に舞う

という世界。そこも雪峰禅師は私たちに看てほしかったのでしょう。得たら捨て、得たら捨て、どこまでも進んでいく。いつも手を空っぽにしている。

そして、「百花春至って誰が為にか開く」。春になって、いろいろな美しい花が開くのは、いったい誰のためなのか、何のためなのか、と問いかけて、頌を閉じていますが、この解釈は一つや二つではないと思います。いろんなことが、この問いかけには含められていると思います。ただそれを承知で、やはり禅の素晴らしい答えはシンプルなものがいいと思いますので、シンプルに考えますと、「私のため」が一番いいと思います。どうでしょうか。ただ私のためだけではなく、いろいろなことが込められているとは思います。しかし、いろいろなことを込めて、すべてが私のためにあるんだ、ということだと思います。花だけではないと思います。いろいろなことが、私のため、つまりは一人の人のために、生きとし生けるもののために用意されている、ということだと思います。

そして、その根本に無一物という世界があるのです。『十牛図』では、第八図がそこの世界になるわけです。いつも言っておりますが、第七図は、まだ仏臭さが残っているわけです。それを卒業しなければならない。それで、どうしても第七図から第八図へ一転する必要があるのです。そして、そこでもう一つ進んだ「私無し」というところが、第八図なのです。自分にとって一番大事なのは私だという、その私も無いとするのが第八図なのです。

そして、それをさらに強調するのが第九図なのです。第九図には人間は描かれていません。自然が描かれているだけです。そして第十図になってようやく人間が描かれるわけです。しかも一人でなく、二人となって描かれるわけです。すべては第八図からです。「曹渓の鏡裏塵埃を絶す」というのは、そこのところです。そこから、人間としての本当のはたらきが始まる、ということだと思うのです。

日日是れ好日——第六則「雲門十五日」

【本則】挙《こ》す。雲門垂語《うんもんすいご》して云《いわ》く、「十五日已前《じゅうごにちいぜん》は汝《なんじ》に問《と》わず、十五日已後《じゅうごにちいご》、一句《いっく》を道《い》い将《も》ち来《き》たれ」。自《みずか》ら代《かわ》って云《いわ》く、「日日是《にちにちこ》れ好日《こうじつ》」。

【頌】一《いち》を去却《すてさ》り、七《しち》を拈得《とりだ》す。上下四維《じょうげしゆい》に等匹《ならぶもの》無《な》し。徐《おもむろ》に行《あ》きて踏断《ふみゆ》く流水《りゅうすい》の声《おと》、縦《ほしいまま》に観《み》て写《えが》き出《だ》す飛禽《ひきん》の跡《あと》。草《くさ》は茸茸《ぼうぼう》、煙《もや》は羃羃《もうもう》。空生《くうしょう》の巌畔花狼藉《がんぱんはなろうぜき》たり。弾指《だんし》して悲《かな》しむに堪《た》えたり舜若多《しゅんにゃった》。動著《うご》くこと莫《なか》れ。動著《うご》かば三十棒《さんじゅうぼう》せん。

雲門禅師と睦州禅師

雲門禅師の難しい公案です。雲門禅師と言いますと、有名な話があります。睦州《ぼくじゅう》禅師を訪ねて行きます。この睦州禅師という方は、臨済禅師の恩人です。臨済禅師を大きく育ててくださった方ですが、なかなか厳しい方でした。雲門禅師が訪ねて行っても、なかなか門の中に入れてくれないのです。それで一回、二回と問答無用で放り出されるのです。三回目も放り出されるのですけれども、脚だけ入れておいた。睦州さんは門を閉めます。それによって、雲門禅師の脚が折れてしまったということです。雲門禅師は素晴らしい人なのですが、こういうことで、片脚は思うように動かなかったということです。

この話を故事として、阿《お》純《かじゅん》章《しょう》さんという天台宗のお坊さんが、この方なりに変えて言及しているお話があります。その話を紹介します。「禅僧が入門できないわけ」というタイトルで書いておられます。「頼もう」と大声で山門を叩くと、中から怖そうな雲水がしかめ面で出て来て、「何者だ！」と尋ねた。雲水と言っておりますが、これは睦州和尚ですね。禅僧は自分の自己紹介をしようとすると、有無を言わさず、「帰れ！」と言われるのですね。そこで禅僧は何が起こったのか分からなかったが、ともかく帰された。再び門を叩いた。今度もまた同じなのです。言い方を変えるのですが、今度も帰された。三回目です。三度というのは、無限という意味もありまして、ここでは、そのようなことが何度も何度も繰り返されているうちに、ということになるのだと思います。

この話では脚が手に変わっておりますが、雲水が門を閉めようとした時、禅僧、雲門のことですね、禅僧は、思わず手だけが前に出てしまい、勢いよく閉まる門に挟まれてしまった。その瞬間、禅僧は思わず「痛い！　痛い！」と叫んだというのです。すると眼の前の門が開き、雲水が納得したような顔で、「そうか、ようやくお前さんが何者であるかわかった」と言って、入門が許された。こんなふうに話を作り変えております。

そういう雲門禅師ですが、ここでしっかりとしたお悟りを開いたということになっているのです。手が挟まれました。思わず「痛い！　痛い！」と叫ばれる。それで老雲水は、「お前の素性がわかったぞ」と言うのです。それが雲門の自性だと言うのですね。老雲水はそういうふうに見たのだと思います。今まで自己紹介していたのは皆飾り物で、本来の雲門ではない、とこういう老雲水のお考えなんでしょうね。

禅も大変ですね。お悟りを開くのはいいのですが、雲門禅師はそれで一生涯、片足が不自由だったと言われるわけです。それだけに、雲門禅師という方は、今という時、過去でも未来でもありません、今という時を大事にされた方なのだと思います。そしてこのような公案が出来上がることになったのだと思います。

「日日是れ好日」とは

今日の第六則は垂示がありませんで、直接、本則から入ります。「雲門垂語して云く」、垂語ですから、大勢の雲水を相手に、一方的な話をされたわけです。「十五日已前は汝に問わず」。昔インドでは、満月の夜でしょうか、十五日の夜に集まりまして、自己反省をしたと言います。布薩会というのですが、この十五日間、自分はお釈迦様の行履を慕って生きてきたけれども、これでよかったかとそれぞれ反省するということです。「十五日已前は汝に問わず」とは、この十五日間の反省は、皆さん一人一人にお任せする。自分はそれに対して口を挟むつもりはさらさらない。問題は、「十五日已後」です。その反省を元にして、これから、今から、今ここから、いったいどう生きて行くか、その決意のほどをひとつ聞かせてほしいというのが、「十五日已後、一句を道《い》い将《も》ち来たれ」ということだと思います。

ところが、どなたも答えなかった。どなたも答える者がありませんでしたので、「自ら代って云く」、これを代語と言います。本来でしたら、雲水たちの誰かに答えてほしかったのですが、誰も答えるものがいないので、雲門禅師自らが答えられた。代語して云く、「日日是れ好日」と。「日日是れ好日」という名言が雲門禅師の口から出た、という一段の因縁です。「日日是れ好日」というのは、皆さんもどこかでお聞きになったことがあるでしょう。よくお坊さんが墨跡でお書きになりますね。これはいったいどういうことを言っておられるんでしょうか。

「一を去却り、七を拈得す」

頌のほうに入ります。この頌のうちで、——字眼《じげん》という言葉がありますね。字の眼《まなこ》、眼目です。その字眼はいったいどこでしょうか。やはり出だしでいいと思います。中国の文章は大事なことを出だしにもってくるということをよく聞きますが、ここでも出だしに一番大事な文言を出していると思います。それは何か。「一《いち》を去却《すてさ》り、七《しち》を拈得《とりだ》す」、ここだと思います。これが一番大事なところだと思います。

前回の第五則は「雪峰尽大地」でした。雪峰禅師という方は、おそらく教育者としてはナンバーワンだった。数ある禅僧の中で、ナンバーワンの教育者だったと思います。その雪峰禅師が、「尽大地《じんだいち》撮《つま》み来《あ》れば、粟米粒《あわつぶほど》如の大《おお》きさなり」と示衆で言われた。尽大地を撮んでみると撮めたというのですね。そしてそれは粟粒、籾殻ほどの大きさで、掌の上に乗せられた、というのです。これが今回でいう「一」というところです。「面前《めんぜん》に抛向《ほうりだ》すも」、それで面前に放り出したら、「漆桶《しっつう》にして会《え》せざらん」、黒くて見えなくなった、ということでした。そして、この「面前に抛向す」というところが、「去却」と表されているところだと思います。

一を放り出した。そして、「七を拈得《とりだ》す」と、こういうふうに言っております。「面前に抛向《ほうりだ》すも、漆桶にして会《え》せざらん。鼓を打って普請《ふしん》し看《み》よ」。太鼓を打って皆を集めて、皆で探して見よ、見つけ出してくれ、とこういう言い方を雪峰禅師はされたのでした。雪峰禅師は、教育者、しかもナンバーワンの教育者ですから、そういう言い方をして、雲水たちにいったい何を分かってもらいたかったかということが、第五則の狙いどころだと思うのです。それが分かるか。「鼓を打って普請し看よ」という雪峰禅師のお心をどうとるか、どういただくかということが、「雪峰尽大地」の勘所だったわけです。今回は、そのお弟子さんである雲門禅師を登場させまして、その同じところをもう一つ念を押しているのだと思います。

一番、全体像というのが大事です。何せ八万四千の法門があると言われているのですから、八万四千なんて覚えられないですよね。一つか二つでしたら何とか覚えられますけれども。そこで全体像をある程度掴んでおくということが大事なんだと思います。例えば尽大地と籾殻です。尽大地という大きなものを籾殻だと見るところ、これはやはり全体像を見て言っているのだと思います。ですからこういう表現は大変大切なところだと思うのです。そこまでは分かるのですけれども、その籾殻くらいの大きさになった尽大地を面前に放ったら、どこへ飛んでいったか分からなくなってしまった、とまた言うわけです。これはいったいどういうことか。そこまでが、今回の頌の一番最初にある「一を去却り」というところだと思います。

よく禅僧は一円相を書きますよね。これを『般若心経』になぞりますと、円相の下のところを色としまして、円相の上を空とします。そうしますと、「面前に拋向《ほうりだ》すも、漆桶にして会《え》せず」、分からなくなってしまったというところは、空になったところですよね。

空の世界を言っているのだと思います。尽大地という、ばかでかいものが、何と空になってしまったと、こういうわけです。そこから、空になる前の籾殻を探して来いと、言葉の上ではそうなのですが、いったい雪峰禅師は何を期待したのか。一つは、何も無くなった処をしっかり見てこいというお気持ちだったかもしれません。そうしますと、空のところですから、ここを別の言い方をしますと、「真空無相」といいます。真の空は姿形がない、まさに「漆桶不会《しっつうふえ》」のところなのです。大千世界のありとあらゆるものが真空無相であることを確かめて来い、とおっしゃられたのかもしれません。そうすると、探し出さない方がいいようですよね。何も無いところなのですから、探し出す必要はないと思います。「何もありませんでした」が、正解なのだと思います。

しかし、今回は少し違うのです。そこに留まっていないのです。それで何を言うかといいますと、もう一つ言っています。「七を拈得す」と言っています。籾殻一つだけではなく、七つのものを手にとった、と言っています。ここも、「七」というのは、数字の七に限らないでいいと思います。たくさんのものを七で表現したのだと思います。

そうしますと、雪峰禅師は、今回のところまで期待したのかもしれません。しかし、真空無相のところまでだったかもしれません。それは分かりません。ところが、今回は間違いなく、「色即是空」と空まで上がってきまして、更にもう一転しまして「空即是色」と色に還ったところ、それが「七を拈得す」です。そこまではっきりと、雲門禅師は打ち出しているのです。そう思って見ていただければありがたいと思います。ですから、全体像なのですね。円というのは全体像だと思ってください。一部ではないのです。全体を表すとき、円相が一番都合がいいということだと思います。

雲門の三句

雲門禅師の言葉というのは、まことに見づらいのです。よく読めないのです。何を意味しているのか。そこで雲門禅師のお弟子さんがこういうことを言い出したのです。「うちのお師匠さんの言葉、言っていることを分かろうと思ったら、三つのことが大事なのだ」と。これが「雲門の三句」として伝わっております。三つですね、順番はどうでもいいと思うのですが、一つは「随波逐浪《ずいはちくろう》」というのです。波に随って浪を逐《お》うですね。質問されたことに対してピタリと返ってくる、そこを見てほしいと言うわけです。そしてもう一つは「衆流截断《しゅるせつだん》」です。「衆」は「しゅ」とも「しゅう」とも読みます。諸々の流れを截ち切ると。これは空のことです。諸々の流れを截ち切ってしまう、空にしてしまう。そして最後が「函蓋乾坤《かんがいけんこん》」です。これは、函《はこ》と蓋《ふた》とがピタリと合う、天と地がまさに一つであるというところを言っているのだと思います。この三つを兼ね備えているのだ、雲門禅師の言葉は、どんなものでも必ずこの三つを兼ね備えている。そこから味わってほしいということを言い残してくれているわけです。

お師匠さんの雪峰禅師の示衆で言いますと、「函蓋乾坤」というのは「尽大地」というところです。それが籾殻ほどの大きさになってしまった。しかし、これは変わらないのですよね。ピタッと一つとなってしまったと言うのですから。これは大きい「尽大地」と小さい「籾殻」と、形に惑わされてはいけませんぜ、ということでしょうね。それが無相ということです、形がないのですから。形で見てはいけない、というのが無相ということだと思います。そして、その籾殻に留まっていないのですね。面前に抛向したら見えなくなってしまった。そうすると、今度は「衆流截断」の世界に入っていきますよね。何も無くなってしまった。まだ手に乗せる何かがあったんだけれど、それすら無くなってしまった。衆流截断の世界です。そういう言葉、そういう示衆が雪峰禅師がお弟子さんたちに分かってもらいたいことを分からせる、ピタリとした言葉なんだということが、随波逐浪ということだと思います。その期待したことと言葉との関係が随波遂浪です。波に随って浪を遂う、実に見事だということです。

お師匠さんの雪峰禅師がそうだったので、お弟子さんの雲門禅師もそこを究めて、独特の宗風を作り出したのだと思います。「言句の妙」と言われております。それがこの「日日是れ好日」にも当てはまるわけです。どこにこの三つを見たらいいでしょうか。そんなことを思いながら読み進めて行きたいと思います。

法理と法味

頌に戻ります。「一を去却《すてさ》り、七を拈得《とりだ》す」。ということは、色即是空といきました。衆流截断しました。そこから即座に還りまして、空即是色と色に還って来ました。そこが「七を拈得す」というところです。「上下《じょうげ》四維《しゆい》に等匹《ならぶもの》無し」。これが人生で一番大事なことだと、雪竇さんは大いに持ち上げています。これ以上のことはない、これ以上大事なことはない、と。いろいろな教えがあるだろう。仏法だけで八万四千と言っているのですから、さまざまな教えを集めたらどれくらいになるのか分からない。だけれども、禅の方から言えば、これが一番だ、というのです。その一番とは何かというと、「一を去却り、七を拈得す」、これが一番なんだと言うのです。

そして、後はそれを説明しているのです。いままでですと、理屈です。きれいに言うと「法理」です。それをもう一つ言い直しているわけです。「徐《おもむろ》に行《ある》きて踏断《ふみゆ》く流水《りゅうすい》の声《おと》」と言っています。「徐に」とは、静かに静かにという感じです。静かに川のほとりを歩いて行く。そうしますと、当然、川の音が聞こえているはずです。その川の音を踏み断ってゆく、截断していく。衆流が川の流れになりました。川の流れの音を踏み破っていく。これはどういうことかと言いますと、川の流れと一つになるわけです。「一」のところです。川の流れは、川によってさまざまでしょうけれど、その川の流れと一つになっていく、ということです。

ところが、雪竇さんの頌はそこで留まりません。その一を捨て去るんだと言っています。そこで、次の句まで踏み込まなければならないのです。「縦《ほしいまま》に観て写《えが》き出す飛禽《ひきん》の跡《あと》」と。川の流れと一つになる、いわゆるよく言う「成りきれ！」ということです。それだけではだめだ、というのです。一になっただけじゃ、だめだ、一に成りきったらそれを捨て去らなければならない、というわけです。

それでは、一を捨て去って何になるか。グルッと返りまして、また色になるしかないわけです。空で一つになります。その空を放り出して今度はまた色に戻って来る。それが「七」の世界です。いろいろなものがある世界です。そこを「縦に観て写き出す飛禽の跡」と雪竇さんは詠っております。ほしいままに、縦横に見て写《えが》き出す飛禽の跡。その三昧が破れる端緒が「飛禽の跡」です。

ある方のお話を借りますと、小鳥というのは、飛び立つ時は辺りをしっかりと見るそうですね。辺りをしっかりと見て安全を確かめる。それからさっと飛び立つそうです。ですから、さっというわずかな羽音ですよね、そのわずかな音が三昧を破るのです。川の流れと一つになっている三昧が、小鳥の飛び立つ羽音によって破れます。そうすると、どうでしょうか。三昧が破れました。今までは川の流れと一つになっておりましたから、何も見ないのです。ところが、小鳥の飛び立つ羽音によって三昧が破れると、大空が見えます。そして大空の下に、森も見え、林も見え、何もかもが眼に入ってくる。小鳥が飛び立った跡に、尽大地のあらゆるものが眼に入ってくる。そこを、「七を拈得《とりだ》す」と言っているのだと思います。

ですからここまでは一つのことです。「一を去却り、七を拈得す」、これが法理的な言い方だとしたら、「徐に行《ある》きて踏断《ふみゆ》く流水の声《おと》、縦に観て写き出《えが》す飛禽の跡」というのは、「法味」、法の味わいと言えます。法理と法味。言葉は違いますが、言っていることは一つだと思います。

「空」を背負って「色」に還る

それから現実に還るのですね。「草は茸茸《ぼうぼう》、煙《もや》は羃羃《もうもう》」と。雪峰禅師はどこまで期待したか分かりません。「真空無相だけでもいい」と、そう思っていたかもしれません。ところが、お弟子さんの雲門禅師の場合は、明らかに重点は「七を拈得す」の方に傾いています。それで、一に留まっていたら、ということですね。一に留まっていたら、草は茸茸、煙は羃羃だぞ、と言うわけです。すっきりしないわけです。

「空生《くうしょう》の巌畔《がんぱん》花狼藉たり」。「空生の巌畔」というのは、お釈迦様の十大弟子で、解空第一、空に関しては第一と言われた須菩提尊者のことです。ですから「一」です。空に向かっていくほうです。須菩提尊者が巖のほとりで坐禅している、坐禅三昧に入っている。すると、それを見ました帝釈天が、「ああ、よく坐っている。立派だ」と言って、花を雨と降らしてくれた。「花狼藉たり」です。須菩提尊者が空の境地を味わっている、そこへ帝釈天が感応して花を雨と降らしてくれました。しかし、この雪竇からみれば、つまり禅から見れば、空の境地は「草は茸茸、煙は冪冪」だと悪態をつくわけです。「弾指して悲しむに堪えたり舜若多《しゅんにゃった》」。この「舜若多」も解空第一の須菩提尊者ですね。「虚空神」です。「弾指して」、弾指とはパチッと指を鳴らすことですが、ここでは悔しくて鳴らすのだと思います。悔しくて「悲しむに堪えたり」、大いに悲しまなければならない。「舜若多」、虚空の神様よ、ということです。

「動著《うご》くこと莫れ」、これは逆を言っていますよね。これは雪竇さんの力だと思います。今までは動かないことを悲しんでいたわけです。しかし、何しろ須菩提尊者も強者《つわもの》ですから、なかなか動かないのでしょう。「そんなに動かないことが好きなら、絶対に動くなよ」と今度は言うのです。動いたら許さんぞ、と逆に出るのです。「動著《うご》かば三十棒せん」。いつまでもじっと動かないでいろ、少しでも動いたら三十棒を喰らわすぞ、と悪態をつくのです。これが禅です。良い悪いは別として、これが禅のやり方だと思います。そういう一句だと思います。

ですから、色即是空と、色が空になります。その空は無相のところです。真空無相のところです。これはとてもとても大事な世界なのですが、ここに坐り込んでいる限り、歴史は生まれません。何もしないのですから。それは、空で広やかな気持ちになって、坐っている本人は大変気持ちがいいだろうけれども、そこから歴史は生まれないのではないでしょうか。単なる空止まりですね。そこから、この難しい世の中をどう生きて行くか。それはどうしても、色に還って来なければなりません。もちろん空が大事なのですが、空を持ったまま、空を背負ったまま、空のままで、色に戻ってくれないことには、歴史は作れません。そこで、どう歴史が作られていくか、ここが大事なのだということが、雪竇さんの「日日是れ好日」の受け取り方だと思います。

「空開」ということ

雲門禅師はどういう意図で「日日是れ好日」と言われたか。「日日是れ好日」には、三つあると言いました。「衆流截断」というのは、諸々の流れを断ち切ったところです。ですからこれは、虚空神、舜若多の世界です。須菩提尊者の世界、空の世界です。空の世界へ入って、そこから、「函蓋乾坤」として出てくるんだと思います。単なる空ではなくて、空になることによって、天地いっぱいに広がっているわけです。そこを「空開」と申します。空が開けてくるとか、空に開けてくるとかいう「空開」。その「空開」の世界に躍り出ているのです。そして最後が「随波遂浪」です。それが見事に答えとなっている、「日日是れ好日」が見事にそうなっているところだと思います。

上半期の十五日を反省する。それはいったい何のためか。「反省のため止まり」だったら寂しいですよね。そうじゃありませんよね。それはそうだとして、これからどう生きるかという切実な問題だと思います。それに対して、「日日是れ好日」です。しかし、そんなにこの一日一日が好日であるはずがありません。にもかかわらず、雲門禅師は、好日に生きていける、というのです。なぜならば、あらゆる諸々の流れ、煩悩の流れ、仏さんの流れも込めて断ちきっているから、根本にも住していないからです。例えば、何よりも親しい人が亡くなりました。大変な痛みですよね。それをも、雲門禅師は断ち切っているわけです。そして今日という日を生きて行く、と決意しているのだと思います。

それで、何も無いのではないのです。あらゆる煩悩の流れとか、菩提の流れも含めて、諸々の流れをすべて断ち切ったところに、その境涯は天地いっぱいに開けていくところがあるのです。その天地いっぱいに開けていく、「函蓋乾坤」というところに、そういう苦しさに堪えていく力が湧いてくるということだと思います。苦しさに立ち向かう力が湧いてくる。自分のどこかから出て来るのではないのです。天地いっぱいに開けたそこが、苦しみと面と向かって、たじろがずぶつかっていける気力をつけてくれるのです。ですから、これこそ「上下四惟に等匹無し」です。どんな素晴らしい教えだって、これ以上の教えがあるか、と雪竇さんをして詠わしめている所以のところだと思います。それが、雲門禅師の「日日是れ好日」だと思います。

ですから、面上といいますか、表はきれいな夾竹桃花と言いますが、「日日是れ好日」などはまさにそうです。だけど、腹の中はどうか。「肚裏は参天の荊棘」といいます。天に参ずるくらい、天に届くくらいの棘、大きな棘が生えている。「面上は夾竹桃花、肚裏は参天の荊棘」、そういう言葉があります。言葉の上では「日日是れ好日」と非常にきれいな言葉を使っておりますが、「日日是れ好日」と代語してくださった雲門禅師の双の瞳に目をやってください。凄い眼をしていたと思います。松蔭寺さんにある白隠さんの像のような凄い眼をして言っていると思います。そのような眼をして、言葉としては「日日是れ好日」と出ているのだと思います。そこを私たちはしっかりと見なくては間違えると思います。雲門禅師の「日日是れ好日」を間違えると思います。雲門禅師のそういう眼を見

曠

る必要があります。そこに、誰をも寄せ付けない塵一つ止めない、「衆流截断」の確かな眼を、私たちは見ることができるのだと思います。

如何なるか是れ仏——第七則「法眼慧超問仏」

【垂示】垂示《すいじ》に云《いわ》く、声前《せいぜん》の一句《いっく》は、千聖《せんしょう》も伝《つた》えず。未《いま》だ曾《かっ》て親《した》しく覲《み》ざれば、大千《だいせん》を隔《へだ》つるが如《ごと》し。設使《たとい》声前《せいぜん》に辨得《べんとく》して、天下《てんか》の人《ひと》の舌頭《ぜっとう》を截断《せつだん》するも、亦《ま》た未《いま》だ是《こ》れ性操《しょうそう》の漢《かん》にあらず。所以《ゆえ》に道《い》う、「天《てん》も蓋《おお》う能《あた》わず、地《ち》も載《の》する能《あた》わず、虚空《こくう》も容《い》るる能《あた》わず、月日《にちげつ》も照《て》らす能《あた》わず」と。仏無《ほとけな》き処《ところ》に独《ひと》り尊《そん》と称《しょう》して、始《はじ》めて較《たが》うこと些子《わずか》なり。其《そ》れ或《あるい》は未《いま》だ然《しか》らずんば、一毫頭上《いちごうとうじょう》に透得《とうとく》し、大光明《だいこうみょう》を放《はな》って、七縦八横《しちじゅうはちおう》、法《ほう》に於《おい》て自在自由《じざいじゆう》にして、手《て》に信《まか》せて拈《ねん》じ来《き》たるものに、不是《あやまち》あること無《な》し。且《しばら》く道《い》え、箇《こ》の什麼《なに》を得《え》てか、此《かく》の如《ごと》く奇特《すぐれ》たる。復《ま》た云《いわ》く、大衆会《たいしゅうえ》すや。従前《じゅうぜん》の汗馬人《かんばひと》の識《し》る無《な》し、只《た》だ重《かさ》ねて蓋代《がいだい》の功《こう》を論《ろん》ぜんことを要《よう》す、即今《そっこん》の事《じ》は且《しばら》く致《お》く、雪竇《せっちょう》の公案《こうあん》、又《ま》た作麼生《そもさん》。下文《げもん》を看取《み》よ。

【本則】挙《こ》す。僧《そう》、法眼《ほうげん》に問《と》う、「慧超《えちょう》、和尚《おしょう》に咨《と》う、如何《いか》なるか是《こ》れ仏《ぶつ》」。法眼云《ほうげんいわ》く、「汝《なんじ》は是《これ》れ慧超《えちょう》」。

【頌】江国《こうこく》の春風《しゅんぷうふ》吹き起《おこ》らず、鷓鴣《しゃこ》啼《な》いて深花裏《じんかり》に在《あ》り。三級《さんだん》の浪高《なみたか》くして魚《ぎょ》は龍《りゅう》と化《か》せるに、癡人《ちじん》猶《な》お戽《く》む夜塘《やとう》の水《みず》。

「汝は是れ慧超」

本則は短いですね。本則を見ますと、「挙す。僧、法眼《ほうげん》に問う」。あるお坊様が法眼禅師に質問なさいました。「五家七宗」と一口に申しますが、「五家」の中で、この法眼禅師が一番最後の方です。先ず五家のトップを切ったのは、潙山禅師と仰山禅師の潙仰宗です。それから臨済宗、曹洞宗でしょうか、そして雲門宗、法眼宗と、こういう順番になると思います。その最後に位置する法眼様です。
「慧超、和尚に咨《と》う」。雲水が、「私は慧超と申します」と名乗り出たのです。「慧超、和尚に咨う、如何なるか是れ仏」。仏とはどのようなお方でしょうか、何が仏ですか、と尋ねたのです。「法眼云く、『汝は是れ慧超』」。「お前は慧超だ」と、こう言うわけです。ただこれだけのことなのです。こういう短い文章は難しいですよね。それで垂示がこれだけ長くなっているのだと思います。

垂示にまいります。「垂示に云く、声前の一句は、千聖《せんしょう》も伝えず」、と言っておられます。「声前の一句」とは、声に出る前の一句です。つまり言葉にならない一句、それを「声前の一句」と言います。それは、「千聖も伝えず」。千の聖《ひじり》が現れても、これを伝えることが出来ない、ということです。これはどういうことでありましょうか。

こういうふうに思っていただければいいと思います。毎回言うことなのですが、十牛図第八図です。何も描いてはありませんね。この寺では、坐禅をしております。坐禅というのはどういうことか。仏教はたくさんのことを言っていますが、三つくらいにまとめてくれると助かりますよね。それで三つにまとめられた言葉で、「戒《かい》・定《じょう》・慧《え》」という言葉があります。戒律の「戒」で身心を調えて、そして坐禅する。「定」は、禅定の定ですね。それも、円相の中で坐禅するわけです。

円相の中で坐禅しますと、始めはざわざわという感じがしていたのが、いつの間にかそのざわざわが消えてなくなることが起きます。それはいったいどういうことか。それは、円相の中で坐禅をするのですが、定に入ることによって、定の力によって、音が消えるのだと思います。それを言い換えますと、定に入ることによって、どこまで続くか分からない大きな廓然無聖の世界が入ってきて、その無限の世界に押されて、雑音が消える、ということであると私は思っております。

それが大事です。第八図は、円相の中にも外にも何もありません。そこで通い合うわけです。では、どうやって通い合うか。やはり定の力によって通い合うというのが、禅宗の坐禅という方法論なのです。円相の内と外です。「内外、本来無一物」という言葉もありました。内と外に何もないところで通い合う。そして、それを手っ取り早く体得するには坐禅が一番であると、私たちは信じているわけです。坐禅だけではなく、いろいろな方法論があるとは思いますが、坐禅が一番と思っております。

そしてここの「声前の一句、千聖不伝」ということも、この円相の中のことでしたら、何とかして、人間が工夫に工夫を凝らして受け継いできた文字言句で表せないことはないかもしれません。ところが、それを超えた、無限の彼方にまで通じるところのありようは、伝えようがないのではないでしょうか。千の聖《ひじり》方がお出になっても伝えることは出来ないと、こうなってしまうのです。

言い方を変えないと、間違って伝えてしまうことになると思いますが、例えば白隠さんの歌があります。「聞かせばや　篠田《しのだ》の森の古寺《ふるでら》の　小夜更《さよふ》け方《がた》の　雪の響きを」という。何とかして、皆さんに聞かせたい。何を聞かせたいかというと、雪の響きです。その雪の響きが、単に円相の中での響きではない、ということだと思います。白隠さんが、皆に聞かせたいという雪の音は、円相を突き抜けて、円相の外まで通じている音だと思います。そうするとこれは、実際に皆さん一人一人が聞いていただくよりほかに、聞きようがないわけです。伝える方法がないのです。そういうことを、ここで言っているのだと思います。

垂示の「未だ嘗《かつ》て親しく覩《み》ざれば」、ここです。自分自身で親しく見ない限り、どういうことになるかというと、「大千を隔つるが如し」。実際に聞いた音と、千聖が伝える音とでは、大千世界を隔てるくらいの違いがあることとなる、というのです。以前にもお話ししましたが、川の側までは馬を引っ張っていけるのですが、飲ませることは出来ない。いわゆる、馬の血と肉になるためには、馬に飲んでもらわなければならない。それはやはり、私たち一人一人が飲まない限り、どんな達磨さんがお出になっても伝えることは出来ないわけです。

また、達磨さんは自分の名前を聞かれまして、「不識」と答えました。「知らない」と。自分の名前を知らないなんて、そんなばかなことはありません。しかし、この達磨さんのお答えは、枠を突き破っているのです。どこまでもどこまでもいのちが続いて、いのちがぐんぐん伸びていっている。そこは自分でも分からんのじゃ、とこういうことだと思います。決して奇をてらっているのではなくて、本心から、自分自身も分からないんじゃ、ということだと思います。千聖も知らず、です。そういう世界があるわけです。

達磨のいのち

ここのお寺に達磨さんの画があります。そこに書いてある賛が読めなかったのです。七文字なのか八文字なのかも分からなかったのですが、この会の幹事である白川さんが花園大学の芳澤勝弘先生に直に聞いてくださったのです。するとやはり専門家ですね、読むことができたのです。そして結局、八文字だったのです。そして一番上が「乾坤」。これは読めました。そして一番下に三文字が書かれています。これは「半身を現ず」。これも読めました。しかし、真ん中の二文字か三文字がどうしても読めなかったのです。そうしましたら、芳澤先生のお答えは、「猶《な》お窄《すぼ》し」でした。「乾坤も猶お窄し」と。その下にまた一字あり、これは「故に」でした。したがって、「故に半身を現ず」ということでした。達磨さんのお姿は大きいのです。乾坤にも収まりきれないと、こういうことですよね。達磨さんのお姿は大きすぎて、乾坤としての円相にも収まりきれない。円相を突き抜けている。そこでここに、半身だけ現してやろうというのです。それで「半身を現ず」です。大きすぎて、全身はここに収まりきれない。そういう意味のようです。凄いですよね。

お茶をやっている方は、何かでご存じだと思いますが、春屋宗園《しゅんおくそうおん》という素晴らしい禅師さんが大徳寺におられました。この方がちょうど、利休さんと同じくらいの時代におられたわけです。ですから、利休さんの出てくる本を読んでいますと、春屋さんはよく出て来ます。その方が、偈を作っております。この偈も、芳澤先生に教えていただいたのですが、どんなことを頌《うた》っているのかといいますと、碧巌第一則です。「避け得たり梁王殿上の塵」。「避け得たり」とは、避けることが出来た。塵に染まらぬことが出来たということ

でしょうか。「梁王」とは武帝のことですね。「殿上の塵」、お城の上の塵ということです
ね。お城の上の塵を避けることが出来たというのは、達磨大師が武帝のところに留まらな
いで、さっさと川を渡って魏の国へ行かれたということでしょうね。「九年坐久少林の春」
と続きます。九年間久しく坐り抜きました。そして、そこに少林の春を呼び寄せました、
と。

それから日本のことが詠まれるのです。「扶桑六十乾坤窄《すぼ》し」と。「扶桑」、これは日本
のことです。「六十」、六十というのは、日本の国は六十余州と言われてきたわけです。中
国は四百四州といいます。日本は六十余州。六十カ国くらいの日本は狭い、というのでし
ょう。「乾坤窄《すぼ》し」と。そこで、「全身を現ぜず」、全身を現さないで、「半身を現ず」、半
身だけ現す。こういう偈頌を、春屋禅師が作っておられたわけです。

それにちなんで、碧層軒五葉愚渓老師がこのような賛を書かれたのだと思います。そし
て、「乾坤も猶お窄し」という、この達磨様の全身こそが、私たちの本当のいのちだ、と
受け取っていただきたいわけです。達磨さんのことではないのです。我々一人一人の本当
のいのちなのだ、それは達磨さんと同じいのちなのだ、とこういうことです。そして、そ
のいのちを知ってもらいたくて、伝えたくて、わざわざ老齢をおして、達磨さんは中国に

渡って来られたわけです。

また、この祥福寺の開山であります盤珪さんが一つ歌を作っております。「古桶の」、古い桶、使い古した桶です。「古桶の底抜け果てて三界に」、私達の住んでおります迷いの世界である三界に、「一円相の輪のあらばこそ」と、こういう歌を作っております。そうすると、この一円相もないということです。そうすると、一円相も消えまして、私たちのいのちは本当に、この大きな達磨さんをいのちとしているんだ、ということだと思います。「達磨さん、あんたは高僧ではないか。だから儂は城へ呼び寄せたのだ」と武帝は言います。「あんたの名は何というのか」、「知らん」と言われて頭にきたので、そう言ったのだと思います。達磨さんにしては、自分が高僧だとか、そんなことは眼中になかったのだと思います。そんなことは本当に塵です。殿上の塵です。そんなものは相手にもならん、ということで歯牙にも掛けず、揚子江を渡って少林寺へ行かれたということだと思います。

大事なことは、私たちが生きているということは、円相の中を離れられないということだと思います。生きている限り、円相の中にいるのです。そして、円相の中にいながら、そのままでどうやって円相の外の世界を感じとることが出来るか。それが一番大事なことだと思うのです。死んだらどうなるかは分かりません。死んで身体がなくなったら、スーッと円相の外の世界に行けるかもしれません。全体をいのちとすることが出来るかもしれません。しかし、禅が主張することはそうではないのです。そうかもしれないけれども、生きているうちに、そこに行こうではないか。生きているうちに、この円相の外の世界を味わおうではないか。それが「生きながら死人《しびと》となりてなりはてて　思うがままにするわざぞよき」です。至道無難禅師の歌です。「思うがままにするわざぞよき」、本当に自由自在にはたらけるぞ、ということです。

世の中は四苦八苦だ、と言いますけれど、その四苦八苦に真っ正面からぶつかって行けるぞ、と。その時に四苦八苦はなくなるかどうかは分かりません、けれども、ともかく避けないで、自分が出合った苦難に真っ向から取り組んでいける。そこに本当の自由を見る、本当の創造を見るのです。身体がどうのこうのではありません。そこに本当の創造があるのです。こういうわけであります。しかし、いまだそこのところは、「未だ曾て親しく勤ざれば、大千を隔つるが如し」です。

十牛図第八図に出る

「深く来風を辨ず」という額が隠寮にかかっているのですが、風が顔に当たります。そうしますと、今ですと、ああ、秋が来たな、ということが分かります。そういうような形で、円相の中にいながら、円相の外の世界の何かを弁ずることは出来る。けれど、「設使《たとい》声前に辨得《べんとく》して、天下の人の舌頭《ぜっとう》を截断するも」、これだ、これが円相の外の世界の消息だ、と掴まえて、「天下の人」、この人も円相の中の世界の人ですが、天下の人に何も言わせない、天下を断ち切ってしまうとしても、「亦た未だ是れ性操《しょうそう》の漢《かん》にあらず」。「性操」とは、怜悧な、賢い、というのでしょうか、そのような男とは言えない、というのです。それはなぜか。それが最後ではないからです。「所以に道《い》う、『天も蓋《おお》う能《あた》わず、地も載《の》する能わず、虚空も容るる能わず、月日も照す能わず』と」。円相の外の世界の消息は、円相の中を遙かに超えたところですから、そう言えますでしょう。

「仏無き処に独り尊《そん》と称して、始めて較《たが》うこと些子《わずか》なり」。これはどうでしょうか。思い切って解釈しますと、仏もそこにもう面《つら》出ししていない。そこに、「独り尊と称して」、一人でいるというのです。これが十牛図の第七図だと思います。修行を終えた若者が、もう牛も消えて、一人で、沈みゆく太陽に向かって、一日の感謝をささげている、申し分のない画なのですが、これがやはり問題だと言われるわけです。どうしても第八図までいかなければならないのです。

それはどうしてかというと、「尊」と称する若者がそこにいるからだ、と。尊い若者がそこにいるからだ、と。ここが前回の「日日是れ好日」では、帝釈天が誉めて須菩提尊者に花を雨と降らせた、というところです。そういう須菩提尊者なり、若者なりは「較うこと些子《わずか》なり」。この「些子」が大事なのです。ここを消さなければならない。もう少し、ということですね。わずかのことを消さなければならない。しかし、私たちは煩悩妄想に苦しめられている、それは誰でも承知しています。私たちが知りたいのは、悟りとはどういうことなのか、ということです。そうなのですが、悟りがもっと厄介です。悟りとは素晴らしいものですから、もっと自分から離れない、くっついてしまって離すことが出来ないのではないでしょうか、手放すことが出来ないのではないでしょうか。ですから、煩悩妄想を鉄の鎖と言うのですが、悟りに絡め取られることを、金の鎖と言って、両方ともだめだというのです。そうして、どうしても一度、この第八図に出なければならない。第八図が必要になるわけです。

「其れ或は未だ然らずんば」、まだそこまで行かなければ、「一毫頭上《いちごうとうじょう》に」、わずかなものです。いわゆる眼の前にあるもののことです。その眼の前にあるものを使って「透得《とうとく》」せよと言っております。どうしてかというと、わずかなもの、「些子」ですから、一つのことでよいのです。例えば、霊雲禅師は、桃の花を見て悟ったと言います。香厳禅師は、箒で掃いた石が竹に当たったゴツンという音で、悟ったと言っております。そんな何でもないことでいいのです。日常のことでいいのです。「大光明を放って」、そのゴツンという音が、天地いっぱいに響いて、というのです。スカーッとして何もないですから、天地いっぱいに響くわけです。それから、「七縦八横《しちじゅうはちおう》、法に於《お》いて自在自由にして、手に信《まか》せて拈《ねん》じ来たるものに、不是《あやまち》あること無し」と続いております。そういう自由自在の境地が、そこから開けるんだ、ということです。

「且《しばら》く道《い》え、箇の什麽《なに》を得てか、此の如く奇特《すぐれ》たる」。いったい、石ころが当たる音で何を得たのか、というわけであります。これが何とも言えない、「言語道断」のところです。ただ言えることは、それによって、自性、自分の本性、「本源自性天真仏」なることが分かった、ということは出来るのです。しかし、それ以上突っ込んでいうことは難しい、ということであります。これから言える人が出て来るかもしれませんが、今のところは難しい。千聖不伝のところです。

「復た云く、大衆会《え》すや。従前の汗馬《かんば》人の識《し》る無し」。かつて戦争があったわけであります。今は平安ですけれど、平安になると、かつてあった戦争のことなど誰も思おうとしない。その戦争でどれだけ人々が苦しめられたか、思いを馳せることができなくなってしまう、というのです。「只だ重ねて蓋代《がいだい》の功を論ぜんことを要す」。これは、昔戦時中に苦しんで、今の平和な世をもたらした人々のご苦労を、改めてしっかりと胸に刻まなければならない、とこういうわけです。

「即今の事は且《しばら》く致《お》く」。まあ、そういうことはしばらく置いて、「雪竇の公案、又た作麼生《そもさん》」。雪竇が取り挙げた公案に参じてみよ、というのです。「下文《げもん》を看取《み》よ」、とこういうわけであります。

仏とは誰のことか

そこで、もう一度本則を見てみます。「挙す、僧、法眼に問う、『慧超、和尚に咨《と》う、如何なるか是れ仏』」。和尚様にお尋ね申します。私は慧超と申します。仏とは如何なるものでありましょうか、と問いかけたわけです。それに対して、「法眼云く、『汝は是れ慧超』」と答えたというのです。これが法眼禅師のやり方なのです。身近なものでもって答える。相手の問いをもって答えとなしてしまう。慧超というのは問いの中にあった言葉です。その言葉を使って答えとする。「汝は是れ慧超」と。

ここで、何か気がつくところはありませんか。「汝は是れ慧超」というのは、慧超の他に仏はないぞ、ということです。ですから、ここに生きている人をおいて、別に仏はいないぞ、ここに生きている人が仏である、という自覚が大事なのです。奈良の大仏様が仏だ、と言っても意味がないわけです。今ここで苦しんで生きている一人一人が仏なんだ、と自分自身で自覚できることが大事なのです。そのためには、円相の中だけでは分からない。生き死にに関わっているのです。死んでからでは遅いですよね。どうしても、生きながら死人の消息をうかがい知り、そして生と死を一つにしたところで生きて行く、そういう生き方が大事になってくるのだと思います。

頌を最後に見ていきます。「江国の春風吹き起らず」。揚子江の南にもう春が訪れました。

しかし、まだ春風は吹き起こっていない。「本源自性天真仏」というものが、我々一人一人のどこかにある。それがあるんだけれど、「吹き起らず」です。まだ眼には見えない。自覚には上っていない、というふうにとれます。「鷓鴣《しゃこ》啼いて深花裏《じんかり》に在り」。「鷓鴣」というのは中国だけにいる鳥だそうで、日本でいうところのハト科の鳥だそうです。その鷓鴣の鳴き声は聞こえるけれども、姿は見えない。したがって、花が咲いている中の奥深いところで鳴いているのだろう、ということでしょうか。ますます、今にも現れ出そうなところです。いわゆる"Living in Zen"というところだと思います。禅の真っ只中に生きているのだと。だけど、"Living by Zen"とはっきり言えるところまでには至っていない。しかし、もうすぐだと。もうすぐ"By"という自覚、「禅によって生きる」という自覚が生まれ出ようとしているところだと思います。

「三級《さんだん》の浪高くして魚《ぎょ》は龍と化せるに、癡人《ちじん》猶お戽《く》む夜塘《やとう》の水」。古代中国の夏の王様が、黄河の氾濫を防ぐために、三級の防波堤を作ったといいます。そこへ、春になると鯉が集まって、三級の堤防を乗り越えて行く。そして龍となって、天上に昇っていく、というわけです。ところが、「癡人」、我々は「猶お戽む夜塘の水」。我々は、囲いを作って水をせき止めて暗い中でも鯉を捕ろうとする。しかし、威勢のいい鯉は、とっくに龍と化して天

望

に昇って行ってしまっているのに、という感じですよね。

「如何なるか是れ仏」、「汝は是れ慧超」です。慧超を除いて仏はない。我々一人一人を除いて仏はないのです。でも、亡くなると、仏さま、仏さま、といって仏さまにしてくれますよね。あれも本当だと思います。あれも本当だと私は思いますが、ああいう仏さまはあまり意味がないんじゃないかとも、私は思います。なぜならば、大事なのは、生きているここで仏になることなのです。仏になるというよりか、仏であるということに気がつくことなのです。あらためて仏になることは出来ないかもしれませんが、この娑婆世界、この三界を、苦しみに満ちた三界をどう生きて行くか、それが大事なのだと思います。死んでから仏になろうとなるまいと、それはあまり関心がありませんよね。そんなことは、私はどうでもいいことだと思っています。反対はしませんけれども、どうでもいいことだと思っています。大事なのは、私たち一人一人が仏である、という自覚に今出ていただくことだと思うわけであります。

そして、そこに至って初めて、「識羞」ということが意味を持ってきます。恥を知るということです。「しまった!」と思うのは、まさにここだと思います。私の故郷の先生は、とても頭のいい先生でしたので、よく識羞、恥を知るということを語っておりました。私はそれをそばで聞いていて、「ああ、自分はちょっと違うな」と思っておりました、若い頃から。では、お前はどうなんだ、というと、私は「恥をかく」ということだと思っておりました。恥を知る、というのはスマートですが、恥はかくんですよ。だけど、恥をかきながら生きていける力というのは、空の力だと思うのです。空の力を借りなければだめです。恥ずかしくて生きていけない、と思ってしまいます。恥ずかしくてもなおも生きていけるというのは、空の力ですよ。それこそが空の力だと思います。

ですから、悟って立派になるかどうかは分かりませんが、とにかく大事なことは、大地に足をしっかりつけて生きていけるかどうかです。逃げないで、真っ向勝負出来るかどうかです。どれほどのことが出来るかなんてわかりませんが、そんなことは問題ではありません。しかし、どれだけ恥をかいても、逃げないで「やるんだ!」と思うようになっていただけたら、私は嬉しく思います。

眉毛は在るか――第八則「翠巌夏末示衆」

【垂示】垂示《すいじ》に云《いわ》く、会《え》すれば途中受用《とちゅうじゅゆう》、龍《りゅう》の水《みず》を得《う》るが如《ごと》く、虎《とら》の山《やま》に靠《よ》るに似《に》たり。会《え》せざれば世諦流布《せたいるふ》、羝羊《ていよう》藩《まがき》に触《ふ》れ、株《くいぜ》を守《まも》って兎《と》を待《ま》つ。有《あ》る時《とき》の一句《いっく》は踞地《うずくまれる》獅子《しし》の如《ごと》く、有《あ》る時《とき》の一句《いっく》は、金剛王宝剣《こんごうおうほうけん》の如《ごと》く、有《あ》る時《とき》の一句《いっく》は、天下《てんか》の人《ひと》の舌頭《ぜっとう》を坐断《ざだん》し、有《あ》る時《とき》の一句《いっく》は、波《なみ》に随《したが》い浪《なみ》を逐《お》う。若也《もし》途中受用《とちゅうじゅゆう》ならば、知音《ちいん》に遇《あ》いて機宜《きぎ》を別《わか》ち休《よし》咎《あし》を識《し》り、相共《あいとも》に証明《しょうめい》せん。若也《もし》世諦流布《せたいるふ》ならば、一隻眼《いちせきげん》を具《ぐ》して、以《もっ》て十方《じゅっぽう》を坐断《ざだん》して、壁立千仞《へきりゅうせんじん》なるべし。所以《ゆえ》に道《い》う、大用現前《だいゆうげんぜん》して軌則《きそく》を存《そん》せず。有《あ》る時《とき》は一茎《いっけい》の草《くさ》を将《もっ》て丈六《じょうろく》の金身《こんじん》の用《はたらき》を作《な》し、有《あ》る時《とき》は丈六《じょうろく》の金身《こんじん》を将《もっ》て一茎《いっけい》の草《くさ》の用《ゆう》を作《な》す、と。且《しばら》く道《い》え、箇《こ》の什麼《なん》の道理《どうり》にか憑《よ》る。還《ま》た委悉《いしつ》すや。試《こころ》みに挙《こ》し看《み》ん。

【本則】挙《こ》す。翠巌《すいがん》、夏末《げまつ》に衆《しゅう》に示《しめ》して云《いわ》く、「一夏以来《いちげいらい》、兄弟《ひんでい》の為《ため》に説話《せった》す。看《み》よ、翠《すい》巌《がん》が眉毛《びもう》在《あ》りや」。保福云《ほふくいわ》く、「賊《ぞく》を作《な》す人《ひと》は心虚《こころきょ》なり」。長慶云《ちょうけいいわ》く、「生《しょう》ぜり」。雲門云《うんもんいわ》く、「関《かん》」。

【頌】翠巌《すいがん》、徒《と》に示《しめ》せるは、千古《せんこ》に対無《ならぶものな》し。関字《かんじ》もて相酬《あいむく》ゆるは、銭《ぜに》を失《うしな》い罪《つみ》に遭《あ》う。潦倒《りょうとう》たる保福《ほふく》は、抑揚得難《よくようえがた》し。撈撈《ろうろう》たる翠巌《すいがん》は、分明《あきらか》に是《こ》れ賊《ぞく》。白圭玷無《はっけいきずな》し、誰《だれ》か真仮《しんけ》を辨《べん》ぜん。長慶相諳《ちょうけいあいそら》んじ、眉毛《びもう》生《しょう》ぜり、と。

難透の公案

この第八則は、難しい中でも難しいと言われているところです。趙州の無字と同じで、しっかり透ってもらわなければならないというので、なかなか通さない公案であります。そこで、この則の問題は、翠巌の言葉にあるわけです。本則の出だしの一句です。「一夏以来《いらい》、兄弟《ひんでい》の為に説話《せった》す。看よ、翠巌が眉毛在りや」という、この「翠巌が眉毛在りや」ということは、どういうことを言っているか、ということをしっかりと掴まえませんと、全てが徒労に終わってしまいます。

そこを、雪竇禅師は、頌で「翠巌、徒に示せるは、千古に対無《ならぶもの》し」と詠いあげています。この翠巌の示衆は千古にならぶものがないと、褒めあげているわけです。いったいどこに褒めあげる所以があるのでしょうか。これが問題です。これがしっかりと掴めるかどうか。私自身がいま掴んでいることが、それでいいのかどうかをふくめて、なかなか難しいところであります。

この翠巌の示衆に対して、兄弟弟子の保福和尚が「賊を作す人」、盗賊の賊ですね、こう言っております。いったいこの翠巌の言葉のどこに、「賊」といわれる所以があるのか。

そしてまた頌を見ていきますと、雪竇禅師が、「撈撈《ろうろう》たる翠巌は、分明《あきらか》に是れ賊」と、保福と同じことを言っております。ですから、賊であることは間違いないと思います。しかし問題は、いったい「看よ、翠巌が眉毛在りや」ということのどこに、賊、盗賊である所以を見たのか、ということです。

山岡鉄舟の無刀流

このような時、便利で、仏教の真髄を本当にはっきりと言い切ってくれている言葉として、ぜひ覚えてほしい言葉があります。それは山岡鉄舟翁の言葉です。しかもそれは、一刀流を無刀流に変えた理由というところで使っている言葉なのです。長い言葉ではありませんので、ぜひ覚えておいてほしいと思います。

山岡鉄舟居士は、一刀流の免許皆伝をもらいましたが、目録の言葉には全然手を触れないで、流名を一刀流から無刀流に変えました。一から無へ直したのです。その時おっしゃっている言葉ですが、どうして変えたのか。それは、「心ノ外ニ刀無ケレバナリ」とおっしゃっています。刀なんか無いんだ、有るのは心だけなんだ、というのです。「刀」を消してしまったのです。そして「無刀」流と直しました。

さらに続けて、その心とはなにか、「三界唯一心也」とおっしゃっています。三界、つまり私達の生きている、この悩み多い現実世界というのも、唯一心があるのみだと。刀だけではなく三界もないのだ、と言うのです。そして、その一心とは何かと言いますと、

「内外本来無一物」とおっしゃっています。その一心もないんだ、と言うのですね。これは本当に仏教の真髄だと思います。

ですから、十牛図で言う第八図なのです。第八図を思い浮かべていただきたいと思います。第八図は、円の中も円の外も何も描かれていません。そこを、内外本来無一物というのです。そして、もう一つ言いますと、その無一物も無い、というのです。これは、第八図で無一物と言ったって、円相があるじゃないですか、と言われるかも知れませんけれども、その円相も無い、と言うのです。ですから祥福寺開山の盤珪禅師も、「古桶の底ぬけ果てて三界に　一円相の輪もあらばこそ」と言っております。その輪すら無い、というのです。

鉄舟居士は、「無一物」というところに立って、それが基となって、長年どうしても勝てなかった相手に、ここから報いるのです。そして次いで、刀を中心に置いて、刀の前に敵なしと言うのです。そして、刀の後ろに我なしというのです。刀を中心に相対するでしょう。すると、刀の向こう側に、どうしても勝てなかった、歯が立たない相手がいない、というのです。そして、刀のこちら側には、自分もいない、と言うのです。そこで、本当に自由な働きが出来るわけです。刀の唯我独尊です。

今までは、刀を持って相対しますと、相手がいるのです。そして相手を見ると、もう勝てなかった。どうにかして、あの先生を打ち負かそうと工夫していると、その先生の姿がスーッと出て来るそうです。そしてその先生の姿が出て来ると、鉄舟さんはへなへなとなってしまったというのです。ところが、内外無一物に徹したときに始めて、その手強い先生もいなくなるのです。我々の世界で言えば、どうしても取れなかった執着が、気がついたら無かった、というようなものです。もちろんこちら側には、自分もおりません。そこで始めて、互角以上の立ち合いが出来たわけです。これは現実面です。このように「無一物」が現実の働きとなって現れ出るわけです。

そして、その後はどうなったか。この後が大事です。鉄舟居士、これは『臨済録』からとっておりますが、まさにどういう働きが出て来るかと言えば、「妙応無方」です。「無方」ですから、方角無しです。どこから掛かってこられても、何とも言えない絶妙な対応が出来る、と言うのです。これは刀のことと思わないでください。私たちの人生のことと思ってください。私たちは、皆それぞれに難しい問題を抱えていますが、そこで「妙応無方」という働きになる、というのです。

そして最後がまたいいのです。働いた後どうなるかというと、「朕跡ヲ留メズ」と。これっぽっちも跡を残さないというのです。妙応無方に働いて、働き終わったらスーッとまた第八図に還ってしまう、とこういう感じです。何も跡を残さないのです。

賊機ということ

そこで、今回の「賊機」というのはどういうことかと言うと、「賊」ですから、物を奪う働きです。物を奪う働きですから、「本来無一物」に関係しているのです。何とか我々を、無一物にしてやろうという働き、それを「賊機」というのです。

たとえば、祥福寺では提唱で『臨済録』を行っていますが、山田無文老師の『臨済録』が上下二巻に分けて出版されております。それで、上巻の本の帯の裏側に、こんなことが書いてあります。「与える物は何も無い。持っている物を全て奪い、裸にするのが臨済の仕事だ」と。以前、祥福寺にも東西霊性交流ということで、修道院の神父さんが来られました。その方のお話を聞いて驚きました。私物を一切持っていないそうです。すべて修道院から一時的に頂いているものなのだそうです。ですから、ここに腕時計がありますが、「これはあなたのですか?」と聞かれますと、私は「はい」と答えます。ところが、その方に尋ねると、「いいえ、違います」と答えられる。一切の私物を持っていないのが、キリスト教の修道士ということのようです。

それで、「不偸盗戒」というものがあります。「達磨一心戒」というものの第二番目が、「盗むな」という戒なのです。どんなことを言っているのかというと、「自性霊妙」、私たちの自性はまことに霊妙に出来ていて、「不可得の法に於いて可得の念を生ぜざるを」、法はそれ自体で不可得だと言うのです。ここでいう法とは、たとえば時計です。その法は取ることが出来ないと。腕時計を見て、これは自分のものにすることが出来ないと領解できるのを、盗まない戒、「不偸盗戒」だというのです。ですから、例えば腕時計一つでも、これは自分のものだと思っている人は、「達磨一心戒」から見れば、不偸盗戒を犯しているということになります。厳しいですね。まことに、キリスト教よりも厳しいと思います。

しかし、もう一つの見方があります。私は思うのですが、キリスト教の方々は形を問題にしているのです。腕時計という形です。だから、私のものではありませんと言うのだと思うのです。しかし仏教の方は、もう少し突っ込んでいるのだと思います。形を問題にしていないのです。腕時計という形を問題にしているわけではないのです。心を問題にしているのです。ですから、この腕時計は私が身につけておりますが、私のものと思っていなければいいわけです。常識的に聞かれれば「はい」と答えますけれども、もう一つ言わせてもらえばということですが、心が大事なのです。

さらにもう一つ言わせてもらいますと、私と雲水は頭を剃っています。これが出家の一応のスタイルです。それで皆さんは髪を伸ばしております。だけどどうでしょうか。髪を剃っておれば出家なんでしょうか。形はそうでしょうけれども、やはり問題は、心だと思います。心が出家できているかどうか、これが大事なのだと思います。ですから居士さん、大姉さん方には、「心出家」という良い言葉があります。姿形は髪を伸ばしている、出家の形を取っていないけれども、心はお釈迦様と同じ、心は出家しているのだと言い切れる、そういう心が大事なのだ、と私は思います。

ここで「賊」と言っているのはそういうことだと思います。自分のものと思っている、そういう心を奪い取ってやろうという、そういう「賊」です。「賊を作す人心虚なり」と言っております。表面上は、盗人を働くやつは「心虚なり」、心がびくびくしている、というように文字の上からは読み取れます。だけど果たしてどうか。

「賊」というのは何か。「賊機」といいますが、賊機というのは何か。これは本当に大事だと思います。何度もお話していることですが、江戸時代、隠元さんという方が、白隠さんが生まれる少し前に日本に来ました。そして各本山を廻ったわけです。妙心寺にも来られました。来られて、開山の語録を見せてくれ、と言うのです。ですが、妙心寺には開山の語録はないのです。ですが、語録がないということだけを言ったわけではありません。語録はありませんが、こういうことを伝え聞いておりますと言った。それが「柏樹子の話に賊機有り」ということです。この一言を出したら、さすが隠元さん、ガラッと態度が変わって、三拝九拝して妙心寺を去って行ったということが伝えられています。少し妙心寺がいいように脚色しているかもしれませんが（笑）、それくらい賊機というのはすごいものですよね。人が持っている持ち物を奪い尽くすということです。

そうしますと、「賊を作す人心虚なり」と保福は答えているわけですが、その「虚」は虚空の虚かもしれません。盗人を働くやつは、心に何一つ持っていないやつだ、まさに無一物だ。心が内外本来無一物の境地であって始めて盗人を働けるんだ、人の持ち物を奪えるんだ、とこうも言えないでしょうか。だから難しいのです。これはじっさい私たちは分かりません。私たちはその現場にいませんから、どっちがどうか分かりません。

それでもう一つ考えておかなければならないのは、禅が本当に溌剌として働いていた時代は、唐の時代だと言います。特に、臨済がある意味で頂点までもっていったと言われています。そうしますと、臨済が出ましたのは唐末です。それから五代という時代になります。それから北宋、南宋と来ますね。今回登場する四人のお方は、四人とも雪峰禅師のお弟子さんですから、五代の人です。そして、この垂示を書いておりますが圜悟禅師、また公案としてここに持ち出しまして頌をつけておりますが雪竇さんという方は、北宋の人です。それで、生まれた年代だけから推し量りますと、臨済禅師は生まれた年代がはっきりしませんが、徳山禅師ははっきりしております。「棒の徳山、喝の臨済」とこう言いますね。徳山禅師の年代から考えますと、北宋の圜悟禅師と雪竇禅師という方は、生まれた年から言いますと二〇〇年、まる二世紀離れております。ですから、少し理屈っぽくなっているのではないかと思います。頌にしろ垂示にしろそう思います。それを承知で、『碧巌録』はあくまでも雪竇禅師と圜悟禅師がお二人で作られたわけですから、その見方に沿って見ていかなければならないと思います。

「会すれば途中受用、会せざれば世諦流布」

それでは以上のことを踏まえて、第八則を見ていきたいと思います。垂示から見ます。

「垂示に云く、会《え》すれば途中受用」。「途中」と「受用」という言葉があります。途中というのは、私たちの人生の途上、生まれてから死ぬまでの間だと思います。そこで「受用」です。受けて用《はたら》くというのですね。先ほど言った言葉でいうと、「刀の前に敵無く、後に我無し」というところですね。これが「途中受用」です。ですから、「会すれば」というのは何でもいいのだと思いますが、この公案に則して言えば、この公案が分かったら、ということだと思います。そうしましたら、すぐに途中受用、前に敵無し、後に我無し、というふうに行けるぞ、ということでしょうか。

たとえば聖諦第一義でもいいと思います。達磨さんが中国へやって来て、武帝が最初に尋ねたのは、「如何なるか是れ聖諦第一義」ですよね。それに対して「廓然無聖」と達磨さんは答えてくださったけれど、武帝は分からなかった、ということです。その廓然無聖が分かれば、途中受用、前に敵無し、後に我無し、とこう行けるぞというのです。そしてその用《はたらき》たるや、「龍の水を得るが如く、虎の山に靠るに似たり」です。そういう抜群の大力用というか、用が出来ますぞ、とこう言っているわけです。

もし「会せざれば世諦流布《せたいるふ》」です。聖諦第一義でした。それに対して廓然無聖でした。聖諦第一義というのは前に二つあるのです。俗諦と真諦です。その上に聖諦第一義があるわけですが、世諦流布というのは正にそこですね。世諦、つまり俗諦に流されて、「羝羊《ていよう》藩《まがき》に触れ」、雄の羊は角が大きいそうでありますが、そのために角が垣根に引っかかって取れない。みずから垣根に突っ込んで取れなくなっている。また「株《くいぜ》を守って兎《と》を待つ」。木の株、根っこですね、そんなものを守って兎を待つ、兎がぶつかってくれるのを待つようなものだ。あたら大事な一生を空しく過すことになるぞ、ということです。

「有る時の一句は」と。ここは言葉が抜けているのだと思います。「会すれば」ということだと思います。いわゆる、「龍の水を得るが如く、虎の山に靠るに似たり」という、そこを言っているのだと思います。会した人の有る時はき出す一句は、「踞地《うずくまれる》獅子の如く」。獲物を見つけて当に獲物に飛びかからんとして構えている獅子の如くだというのです。ここでは翠巌を言っているのだと思います。「有る時の一句は、金剛王宝剣の如く」。これは長慶を言っているのだと思います。「生ぜり」と言った長慶ですね。「有る時の一句は、天下の人の舌頭を坐断し」と。これは保福和尚を言っているのだと思います。「有る時の一句は、波に随い浪を逐う」。これは雲門の「関」を捉えて言っているのだと思います。もちろんそうは言いましても、それだけではありません。四人が四人ともこれらの働きを持っているはずです。ですけれど四つ挙げていますから、配当してみますと、このようになるのではないかと思います。

「若也《もし》途中受用ならば」、もし途中受用の時、「知音《ちいん》に遇いて機宜を別ち」。「機」というのは「禅機」などと言いますが、働きですね。サッと兆す働きです。「宜」は、それを行動に移したところですね。ですから、心と体のはたらきでしょうか。「機宜を別ち」ですから、知音と遇って機宜をお互いに別ち合い、心のはたらきと体のはたらきをお互いに別ち合い、持ち合い、「休咎を識り」、善い悪いも考えにズレがないということです。「相共に証明せん」、お互いの立場をはっきりと肯い合うということでしょうか。

ところが、「若也《もし》世諦流布ならば」。会せざれば、ということですね。その場合はどうするか。世諦流布の人とお会いしたら、「一隻眼《いちせきげん》を具して、以て十方を坐断して、壁立千仞《へきりゅうせんじん》なるべし」。「一隻眼」、開かれた心の眼をもって、妥協しない、というのです。「十方を坐断し」、十方の隅々まで開かれた心の眼をもって見通して、「壁立千仞なるべし」、下手なものを寄せつけない。「機宜を別ち休咎を識り」の逆ですね。滅多に人を寄せつけない。分かってても分からなくても、それ一本でやっていく。それが世諦流布の人たちに自分自身がどういうものかということを気づかせる、最短の道だと信じるからです。

そして、「壁立千仞なるべし」というその働きは、「所以に道《い》う、大用現前して軌則を存せず」と。「有る時は一茎の草を将《もっ》て丈六の金身《こんじん》の用《はたらき》を作し」。ある時は、陽の当たらないところに生えている草を丈六の金身にしてしまう、というのです。「有る時は丈六の金身を将て一茎の草の用を作す」。ある時は陽の当たるところにいる、得意満々の人を、たちまち一茎の草にしてしまうような、そういう働きをするのだと。それが「十方を坐断して壁立千仞」の働きなのだと。

「且《しばら》く道え、箇の什麽《なん》の道理にか憑《よ》る」。いったいどうしてそんなことが出来るのか。「還《は》た委悉すや」、はっきりとお分かりかな。「試みに挙し看ん」、試みにそんな例を見てみようと、こんなふうに、この第八則に入っていくのです。

「翠巌が眉毛在りや」

それで、これは雪竇さんもすごく力を入れて頌を作っています。大変なところでありますが、まず本則を見てみましょう。「挙す。翠巌、夏末《げ》に衆に示して云く、『一夏《げ》以来、兄弟《ひんでい》の為に説話《せった》す。看よ、翠巌が眉毛《びもう》在りや』」と、聞いております。これは、間違って法を説くと、眉毛が抜けると言われているわけです。この話は夏《げ》の終わり頃の話だと思いますが、自分は一夏《げ》ずっとしゃべってきた。さあ、自分の眉毛は生えているか落ちているか、つまり間違って法を説いたのか否かと、表現としては問うているわけです。だけど、それだけでいいのか。

それに対しまして、雪峰さんのお弟子さん達が答えています。先ず保福が答えます。翠巌という人はお年が分からないのです。生まれた年もお亡くなりになった年も分かりません。後の三人はみんな分かっているのですが、保福さんが一番若いのです。その保福さんが言うのに、「賊を作す人は心虚なり」と答えた。「長慶云く」、この長慶が一番年長のようです。歳だけでなく入門の時期も大事だと思うのですが、その一番年長の長慶は、「生ぜり」と言われた。真ん中の雲門禅師は「関」と言われた。こういうわけであります。これはなかなか手がつけられないですね。

そこで、雪竇さんの頌の方から見てみたいと思います。「翠巌、徒に示せるは、千古に対《ならぶもの》無し」。えらく褒めあげたわけです。こんな素晴らしい示衆は今まで聞いたことがないぞ、というものです。それに対しまして、「関字もて相酬ゆるは、銭を失い罪に遭う」。雲門禅師は「関」字をもって相酬いました。それは、銭を失った上に罰せられたようなものだと。唐の時代はお金をなくすと、国家の金なんだ、というのでしょうか、罰せられたそうです。踏んだり蹴ったりという感じですね。これは難しいですね。関字もて相酬いました。そして銭を失い罪に遭ったのは、いったい誰でしょうか。雲門自身でしょうか。それとも、翠巌なんでしょうか。こういう問題があります。

「潦倒たる保福は」。一番若いはずの保福なのですが、「潦倒」というのは老いぼれ、という感じですね。もう歳をとられた保福は、「抑揚得難し」。「賊を作す人は心虚なり」と答えましたが、それは誉めたのかけなしたのか、ちょっと分からない、と雪竇さんは言っているのです。

「撈撈たる翠巌は」。「撈撈」というのは、おしゃべりの、ということです。一夏以来ずっとしゃべり続けて来たのですから、翠巌をそのように表現しているのだと思います。撈撈としゃべり続けて来た翠巌は、「分明《あきらか》に是れ賊」だ。これは分かりやすいですよね。

「白圭玷無し《はっけいきず》」。「白圭」というのは、唐の時代に中央政府から、間違いなくあなたがこの国の主だ、と諸国の大名方に諸国の主であることの証しとして与えられた、水晶の珠だそうです。それが「玷無し」なのです。これは何のことを言ったのでしょうか。そして誰のことを言ったのでしょうか。「誰か真仮《しんけ》を辨ぜん」。誰が本物か偽物か見分けるのか。「長慶相諳《あいそら》んじ、眉毛生ぜり」。長慶は相諳んじ、「眉毛生ぜり」と答えた、というのですね。

幾つか難しい問題が残っていますが、先ずは翠巌の真意を探らなければならないと思います。これはいったいどういうことなのでしょうか。そこでもう一度本則に戻りまして、「翠巌が眉毛在りや」というところを考えてみたいと思います。どうしてそれが、「千古に対無し」と讃えられるような言葉なのか、ということです。

常識的には、間違って法を説くと眉毛が落ちると言うのですから、なくてはならないですよね。有ってこそいいわけです。だけど、「内外本来無一物」という立場からはどうでしょうか。有ってはだめなんですね。難しいですよね。本来の立場からは有ってはならないのです。しかし、間違って法を説くと眉毛が落ちるという立場からは、なくてはならないのです。すごく難しいのですが、何か一つの秘密がありそうですよね。

先ほど、盗むなという戒の話をしました。そうしますと、「翠巌が眉毛在りや」と言うのは、眉毛があったら、戒の方から言えば、これは盗人だ、ということになりますよね。本来無一物ですから、眉毛すら無いというのが本来です。ですから、翠巌は眉毛の有る無しなど問題にしていないのだと思います。自分の眉毛が有るか無いかということに託して、何か訴えたいものがあったのだと思います。それを圜悟さんは、「知音に遇いて機宜を別ち休咎を識り」といいます。まさに雪竇さんは翠巌の知音だったのでしょう。その上でこういう頌を作られたのだと思います。「千古に対無し」ということで言えることは、儂はあんたの気持ちがよく分かる、ということです。

そしてそれに向かって、雲門は関字で酬いた。関ですから、これは関所の関ですよね。その言葉をスーッと吸い取ったという感じなのです、関字は。千古に対無き翠巌のこの名句を、関字を放って関所の中に閉じ込めてしまった、という感じです。すると、いろいろな解釈があるでしょうけれども、「銭を失い罪に遭う」のは、関字を吐いた雲門ではなくて、吸い取られた翠巌のようですね。本来無一物、それで良いはずなのに、敢えて儂の眉毛はどうだ、と聞いたところ、それは銭を失ったところです。言わなくてもいいところを言ってしまった、本来無一物という銭を失ったところに、その上に関字を喰らってしまった。ある意味では、せっかく自分の何もかもすてて、自分の醜いのも忘れて一句はいたのに、それを無惨に雲門に奪われてしまった、と言うのでしょうか。ですから、銭を失い罪に遭うです。お前は罪人だと、関所を通さんぞ、とばかりに、ぴしゃりと関字で閉ざされてしまった。

長慶の「眉毛生ぜり」

「潦倒たる保福は抑揚得難し」、保福翁、若年寄の保福のおっしゃった返答は、持ち上げたのか持ち下げたのか、上げたのか下げたのか、ちょっと分からないと言っているのですが、「盗人は心びくつくわい」と言ったのか。あるいは、心が虚であってこそ、大空無相の般若の法門のような、何一つ持たない、我見を持たないところから、始めて盗人の働きが出来る、というように、盗人をはたらいた翠巌の腹の中を見取って「虚」と言ったのか。「心虚なり」とは、空っぽということ、無一物だということです。口ではそうおっしゃいますが、あなたの心はまことに見事ですな、と言われたのか。このどちらなのか分からない、ということです。

「撈撈たる翠巌は分明に是れ賊」。保福の答えは上げたのか下げたのか分からないと詠い上げた直後に、おしゃべりの翠巌は明らかに賊だ、と改めて翠巌のことを詠いまして、「白圭玷無し、誰か真仮を辨ぜん」と。白圭にキズが有るか無いか。この場面で言えば、翠巌の心がびくついていたのか、それとも日本晴れのようにカラッとして雲一つ無かったのか。「誰か真仮を辨ぜん」。雪竇さんも一度は断定しないわけです。

でも、雪竇さんもこの「心虚なり」は、般若無相の空だと思っていたと思います。だけど、そう言わないで、「白圭玷無し」ということを、いったい誰がその真仮を見分けようかと言って、長慶を出しているのです。「長慶相諳んじ、眉毛生ぜり、と」。長慶が、眉毛生ぜりと言った。それが真仮を見分けたところだと思います。長慶が弁じた。そして長慶が弁じたのは、眉毛がありますぞ、ということです。

そうしますと、非常にややこしいことを言ったことになりますが、最後に持ってきました長慶の「生ぜり」ということは、どうでしょうか。当たり前のことですよね。「眉毛が有ります」。そしてそれを「生ぜり」と言ったところに何かあると思います。単なる眉毛じゃない、と。本物の眉毛だ、と。これは理屈になってしまいますけれど。しかし、唐時代の活き活きとした禅というのはそういうものだと思うのです。現実と「内外本来無一物」というところがピタリと一つになったところが、本来の唐時代の禅だと思うのです。

ところがそうすると、単なる現実肯定とどう違うんだ、ということになってしまいます。そこで宋時代になって、師弟面授を厳しく言い出したのだと思います。それは臨済禅師もおっしゃっています。お母さんのお腹から生まれてきただけじゃない。「体究錬磨して一朝自ら省す」と言っています。盤珪さんは「不生の仏心」で通しておりますけれども、臨済禅師は、そうじゃないんだ、自分なりに苦しんで、ある日ハッとこれでいいんだと掴めた、とこう言っています。一箇所で言っているだけだと思いますが、その一箇所を、宋時代はいやになるほど表に持ち出したのだと思います。

だけど、本来のところはどうでしょうか。やはり現実と本来底がピタリと一つになっているところが大事なのだと思います。

そして、十牛図で言えば第八図を通って、第九図、第十図と、三つの図が絡み合うことによってどうなるかと言いますと、一から七までも本物になってくるのです。第一図は第一図のままでいいではないか、第二図は第二図のままでいいではないか、こうなってくるのだと思います。ですから、どうしてもやはり第八図を究めることが必要になってくると思います。そこから、何度も何度も行ったり来たりしながら、やがて一から十まで肯定できる、そういう世界が生まれてくるのだと思います。

その世界が、長慶の「眉毛生ぜり」というところだと思います。翠巌の腹を見取った上で、「眉毛生ぜり」と言い切ったところ。これはある意味で「平常心是道」のところです

関

よね。平常に還って来たところです。ですが単なる平常心ではありません。「是道」ですから、平常心が道となるところですから。やはり「色即是空、空即是色」と、三百六十度一回転してきたところの妙有ですよね。単なる眉毛ではない、妙有なる眉毛だと思います。

如何なるか是れ趙州――第九則「趙州東西南北」

【垂示】垂示《すいじ》に云《いわ》く、明鏡台《めいきょうだい》に当《あた》りて、妍醜《けんしゅう》自《おのずか》ら辨《べん》ず。鏌鎁《ばくや》手《て》に在《あ》りて、殺活時《せっかつとき》に臨《のぞ》む。漢去《かんさ》り胡来《こき》たり、胡来《こき》たり漢去《かんさ》る。死中《しちゅう》に活《かつ》を得《え》、活中《かっちゅう》に死《し》を得《う》。且《しばら》く道《い》え、這裏《しゃり》に到《いた》って又《ま》た作麼生《そもさん》。若《も》し透関底眼《とうかんていのまなこ》、転身《てんじん》の処無《ところな》くんば、這裏《しゃり》に到《いた》って灼然《あきらか》に奈何《いかん》ともならず。且《しばら》く道《い》え、如何《いか》なるか是《こ》れ透関底眼《とうかんていのまなこ》、転身《てんじん》の処《ところ》。試《こころ》みに挙《こ》し看《み》ん。

【本則】挙《こ》す。僧《そう》、趙州《じょうしゅう》に問《と》う、「如何《いか》なるか是《こ》れ趙州《じょうしゅう》」。州云《しゅういわ》く、「東門《とうもん》、西門《さいもん》、南門《なんもん》、北門《ほくもん》」。

【頌】句《く》の裏《うち》に機《き》を呈《てい》して劈面《まっこう》から来《つきつけ》たり、爍迦羅眼《しゃからげん》、纎埃《せんあい》を絶《ぜっ》す。東西南北《とうざいなんぼく》の門相対《もんあいたい》して、限《かぎ》り無《な》く鎚《つち》を輪《ふりまわ》すも撃《う》ち開《あ》けられず。

「殺活、時に臨む」

「垂示に云く」ですね。「明鏡台に当たりて」というのは、塵一つなく磨かれた鏡が、「台に当たりて」、つまり鏡台にしっかりと据えられた、ということです。そうすると、そこにどんなことが起こるかといいますと、「妍醜自《おのずか》ら辨《べん》ず」と。「妍」というのは美しい、「醜」というのは醜い。ものがありのままに、そこにはっきりと写し出されるということです。私が小学生の頃、小学校の先生が言ってくれました。人間と動物の違うところはどこかと。それで、今はちょっと違っているかもしれませんけれども、昭和二十五年くらいの頃の答えですから、それは、四本足でいたのが二本足になりました。それで立ち上がりました。すると二本の手が空きます。その手で道具を作る。それが先生が教えてくださったことでした。道具が作れるんだ、ということですね。先生のお答えはそうだったんですけれども、私たちが二本足で立つようになって、眼が遠いところにまで届くようになったということですよね。先生はそうはおっしゃらなかったのではありますが。「明鏡台に当たりて、妍醜自ずから辨ず」。ここにやはり、人間であることの大事があると思うのです。

無文老師のことで言わせていただきますと、無文老師は歌を作られました。「大いなるものに抱かれ　あることを　今朝吹く風の　涼しさに知る」。この時、無文老師は、立っておられたか、座っておられたかわかりませんが、寝てはおられなかったですよね。そういう状態の時に、いわゆる台に当たっておられた時に、さあーっと一陣の風が吹いてきました。その風で、はっと気がついたというのですね。それまでは、結核にかかっておりましたので、小さい時にあんなに仲良く遊んだ友達も、皆自分の家の前を通る時は駆け足で通っていくというのですね。もちろん、伝染するというので会いに来てくれません。それだけならまだしも、自分の家の前を通る時、縁側で見えるのでしょうね、皆が駆け足で走って行くというのです。寂しい思いをしていたわけであります。その時、一陣の風を受けて、はっとするのですね。みんな自分を避けて通っていくと思ったのに、避けないものがあった。風は一度たりとも自分を避けて通ったことはない。ただ自分がそれに気がつかなかっただけだ。それが「明鏡台に当たる」ということだと思います。寝ていたら、これになかなか気がつかないと思います。座っていたからこそ、すーっと自分に当たっていく風に気がついたのだと思います。

「鏌鎁《ばくや》手に在りて、殺活時《せっかつとき》に臨む」。鏌鎁というのは、名刀の名前です。昔、呉の時代にいた刀工、干将《かんしょう》が二口の名剣を作った時、一つを「干将」と名付け、もう一つを自分を支えてくれた奥さんの名前をとって「莫耶《ばくや》」と名付けたという。その鏌鎁です。「妍醜自ずから辨ず」というのは鏡の働きですね。ところで、禅ではどうか。それは鏌鎁の名剣を手に持ったようなものだ。「殺活時に臨む」。活かすか殺すか、それはその時その時次第だ、というわけです。そういう働きです。鏡は妍醜を別つ、であります。ところが禅では、鏌鎁の名剣を手に持つが如く、殺活時に臨む、活かすも殺すも自分のその時その時の心持ち次第だ、ということでしょうか。

ある意味で言えば、「明鏡台に当たり、妍醜自ら辨ず」というのは、無文老師で言えばあの歌を作ったところであります。そして、やがて無文老師は現在の花園大学に入ります。そして、学生接心で円福寺に詰めます。そして参禅しまして、鈴を振られて帰ってくる。帰りしなの大廊下で、今度は外にそびえる銀杏の樹を見た。その銀杏の樹とご自分が、全く一つになったということを体験したわけです。それが、この「鏌鎁手に在り」ということだと思います。そこから、「殺活時に臨む」という喜びが、働きが生まれたということです。

「死中に活を得、活中に死を得」

「漢《かん》去り胡《こ》来たり、胡来たり漢去る」。これは、「漢」というのは中国の人です。「胡」というのはその周りの人ということでしょうか。これは、次から次にいろんな人がやって来るということですね。第五則だったでしょうか、「牛頭《ごず》没《かく》れ、馬頭《めず》回《かえ》る」というように、地獄の獄卒が次から次に現れ出てくる。これが私たちの今生きている世界だということです。「漢去り胡来たり、胡来たり漢去る」、それをしっかりと鏡台に立てられた明鏡はありのままに写し出しています。

では、禅のほうはどうか。「死中に活を得、活中《かっちゅう》に死を得」。これは、第一則の武帝のことを考えてみてください。武帝は凄い方ですよね。英雄でもあると言っていいと思います。その英雄が達磨さんに、「自分はかくかくしかじかのことをしている。どんな功徳があるか」と聞いたわけです。そうしますと達磨さんは、「無功徳」と答えたというのです。

それで武帝はわからなくなったわけです。ならば、聖諦第一義というのはいったいどういうことなのか。自分のやったことは聖諦第一義まで届かなかったのか、ということでしょうね。俗諦に関しては、国を治めている王ですから、それなりのことをしていると思うのです。真諦というのは、たくさんお坊さんをつくりました。その頃は、国が認めないとお坊さんになれなかったそうです。寺も作りました。写経もたくさんしました。お経の講義もしました。それなのに無功徳という、それならば、聖諦第一義とはいったいどういうことなのかと、そう聞くわけです。

そういう人を、「死中に活を得」させる、生き返らせる、これが禅者が持つ鏌鎁の働きだ、というのです。そして「活中に死を得る」。ぴちぴちと生きて働いている人たちは、ぴちぴちと働いているんですけれども、その底にはびくとも動かない何ものかがある。この死は、そういうことを自覚させる、そういう死だと思います。「活中に死を得る」、武帝がそれだけのことをしておりますのに、無功徳と切って捨てて、わけがわからなくした、そういう死ではないと思います。この会の広瀬隆さんのことを考えてみてください。「死中に活を得」ですね。本当にそうだったと思います。今はお元気です。だけど、死中に活を得てきたところから、やはりお心の底の底には、びくともしない大死一番底が今もある、ということではないでしょうか。武帝と広瀬さんを比べて思えばよろしいんではないですか。武帝はこうではないわけです。ここで言う言葉に当てはまらなかったわけです。広瀬さんは当てはまっていると思ってみてください。

「透関底の眼」とは

「且《しばら》く道《い》え、這裏《しゃり》に到って又た作麽生《そもさん》」。「這裏」というのはこの公案ですね。この第九則です。この公案にいたって、さあどうなるか。「若し透関底眼《とうかんていのまなこ》、転身の処無くんば」とあります。「透関底眼」というのは何か。

鎌倉に、もうお亡くなりになりましたが、毒狼窟老師という方がいらっしゃいました。「毒狼」といわれたくらいで、狼のような方だったらしいですね。それで、鈴木大拙先生が、お悟りは堯道さん――つまり毒狼窟老師ですが――と言って、その人のお悟りは高く認めていたという話です。その方に、ある方が尋ねたそうです。「禅の公案は、どうも答えが一つでないようだ。どうして一つでないのですか」と。そうしたら毒狼窟老師は、「それは差別《しゃべつ》で見るか、平等で見るか、その違いだ」とお答えくださったそうです。平等から見ると、同じ問題でもこうなる。また差別のほうから見ると違ったふうになる、ということですね。そういうことで、答えが一つでないということが生まれてくるのだ、とこういうお答えをされたようであります。

そうしますと、この「透関底眼」というのは、平等と差別をしっかりと捉えている。そういう方が透関底眼を持っていると言っていいのではないでしょうか。差別と平等に惑わされない。差別からものを見られるし、平等からものをしっかりと見られる。そういうお方が、透関底眼を持っておられると。そうすると、「転身の処」がわかるのです。「転身」とは何か。平等から差別に転じる、ある時は差別から平等に転じる。これを「転身の処」と言うのだと思います。いわゆる差別・平等に惑わされないで、その二つを使いこなす境涯を持ったお方、それが「透関底眼、転身の処」ですね。これが無ければ、「這裏《しゃり》に到って」、この公案です、「趙州東西南北」の公案です。「灼然《あきらか》に奈何《いかん》ともならず」。全く手も足も出ない、とこういうことです。

「且《しばら》く道《い》え、如何なるか是れ透関底眼、転身《てんじん》の処《ところ》」。ならば、具体的に透関底眼、転身の処とはどのようなことなのか。「試みに挙《こ》し看ん」。試しにここで挙げてみよう。こういう垂示であります。

人か境か

そこで本則を見てみます。「僧、趙州《じょうしゅう》に問う、『如何なるか是れ趙州』」。あるお坊さんが趙州和尚に質問します。「如何なるか是れ趙州」と言うわけです。「趙州とは如何なるものでございますか」。趙州というのは趙州和尚のお名前ですよね。第七則でしょうか、「如何なるか是れ仏」と問いました。そうしますと法眼禅師は、「汝は是れ慧超」と答えを返しましたね。「お前は慧超だ」と。慧超もお坊さんの名前です。そうしますと、「趙州とはいったい何者ですか」と。「それは仏だ」と、こんなばかなことを禅宗坊主が言うはずはないですよね。そういう問いに対して、趙州はどう答えたか。それは四門で答えたわけです。「東門、西門、南門、北門」とお答えになったという、そういう一段です。

趙州城という街があったそうです。趙州城がありまして、その周りを堅固な四つの門が囲んでいた。そこに和尚が住んだから趙州和尚という名前になったのか。それとも趙州和尚が住んだので、趙州城と呼ばれるようになったのか。土地が先か、人が先か。それで、「如何なるか是れ趙州」というところに、圜悟禅師が著語というコメントをつけております。先ず一番最初に「河北河南」とつけております。河北の地に趙州城はあるのですが、これは臨済禅師が、黄檗からどこへ行くかと聞かれた時に、「河南にあらずんば河北に帰せん」と答えたという有名な話が残っておりますが、それにちなんだのでしょうか。それで、河北と河南は違いますから、趙州を問うたのか、それとも趙州城を問うたのか、圜悟禅師はこんなお気持ちだと思うんです。いったいどっちを問うたのか。趙州という人《にん》を問うたのか、それとも趙州城という境《きょう》を問うたのか。

そしてその次に「総説《そうせつ》不著《ふじゃく》」と、つけております。どちらか、とんとわからんという感じですよね。「如何なるか是れ趙州」というだけでは、いったい趙州という人を問うたのか、それとも趙州城という境を問うたのか、一向にわからんと。そして「爛泥《らんでい》裏《り》に刺《とげ》有り」、泥沼の中には刺があるぞ、刺があるかもわからないぞ、気をつけよ、ということです。この質問した僧は、なかなか腹が黒くて底意地の悪いやつかもしれんぞ、という感じです。そして最後に、「河南に在らずんば、正に河北に在り」。地名でなければ人名だ、人名でなければ地名だ。さあ、趙州和尚はどっちに取ったか、ということです。趙州の透関底眼、転身の処、それに大いに期待しよう。こういう著語をつけて、野次っております。

四門とは

それに対しまして、「州云く、『東門、西門、南門、北門』」と。これはどうでしょうか。これに古人は、さすが海千山千の老古仏だ、さすが趙州老古仏だ、涼しい顔でこのように四門をもって答えた。四通八達《しっつうはったつ》だ、というのです。「四通八達」という言葉がありまして、四門が開かれて通じているということでしょうね。それどころではなく、八方に通じている、十方に達している、そういう答えだと、趙州の答えを誉めているわけです。

ここで圜悟禅師が著語で、どのようなことを言っているかといいますと、「相罵《あいののし》ることは你《なんじ》に饒《ゆる》す、觜《くちばし》を接《つ》げ。相唾《あいだ》することは你に饒す、水を潑《そそ》げ」と。罵るのだったら、それだけでは足りんぞ、口だけでは足りない、ラッパみたいなものを接ぐがいいと。唾を吐きかけるのだったら、それだけでは足りない、水をぶっかけろ、という感じですよね。

その心は、この四門という答え、「東門、西門、南門、北門」という答えに、そんなものは答えになっておらん、と言いたい者は、何とでも言え、という感じです。趙州和尚は、僧の問いに四門をもってしゃあしゃあと答えました。ですから、この答えに悪口を言いたい者は、しゃあしゃあと言い返せ、というようなものですね。しかし、決して歯が立たんぞ、ということも含めているわけです。というのも、觜を接がなければ言い返せないわけですから。水をぶっかけなければ太刀打ちできないということですから。ですから、一対一ではこの僧はとうてい趙州には及ばんぞ、決して歯が立つまい、ということです。

そして歯が立たないということから、圜悟禅師は今度は「現成公案」、と語を継ぎます。どうして歯が立たないから現成公案なのでしょうか。公案というものは歯が立たないものです。歯が立たないから公案なのです。さあ、ここで一つの公案が出来上がったぞ、と圜悟禅師はおっしゃいます。そして「還《は》た見る麼《や》」と言っております。

そうすると、これは圜悟禅師のお話なのです。もとの公案の話ではないのですね。圜悟禅師のその場の、圜悟禅師の会下の問題になってしまうのです。さあ、諸君は見たか、とこう言うわけです。そして、それっ、と言って棒が飛ぶのです。誰かが打たれたようです。会下のお弟子さんも大変ですよね。「還《は》た見るや、便《すなわ》ち打《う》つ」と、ビシッと誰かを叩いた、というわけです。そういう成り行きになっております。ここまでが、圜悟禅師の著語です。

四門という言葉は別にありまして、まず第一に、道を求める「発心」。道を求めて「修行」するのが二番目です。三番目は「菩提」、菩提心にぶつかる、出あう、目覚める。そして最後に「涅槃」。これを四門というわけです。そうしますと、四門で答えているのですが、その四門で答えながら、趙州の人《にん》にも掛かっていますよね。趙州が発心しました、修行しました、お悟りを開きました、涅槃に入られました。それを四門に託して、自分のことは語らないで四門で語っているわけです。

禅の逆説法

頌を見てみます。「句の裏《うち》に機を呈《てい》して劈面《まっこう》から来《つきつけ》たり」。「句の裏に」、「如何なるか是れ趙州」という言葉のうちに、趙州を問うているのか、趙州城を問うているのかという働きを「呈して」、持して、真っ正面からその僧がやって来た。どえらい勢いで、真っ向からぶつかって来たな、ということです。

そこにまた圜悟禅師が著語をつけております。それを見てみますと、一番最初は「嚮《きょう》」と言っております。ひびくということです。「如何なるか是れ趙州」という質問はいい質問だぞ、と一応誉めております。そしてその次には、「魚行けば水濁る」とつけております。これは逆ですね。いい質問だが、「魚行けば」、質問を口から出せば出しただけ、どうしても「水濁る」です。跡がついたな、ということです。「趙州を謗《そし》ること莫《な》くんば好《よ》し」と最後につけております。先ほど三つのことが語られていました。調子に乗って趙州を甘く見ると、後でえらいめにあうぞ、という感じですよね。

それに対しまして、趙州が答えるところを、雪竇さんは頌に詠いまして、「爍迦羅眼《しゃからげん》、繊埃《せんあい》を絶す」と言い留めました。「爍迦羅眼」は、金剛の眼という感じです。塵一つ留めておらん。僧の問いに対して、趙州和尚の爍迦羅眼は塵一つ留めていないと。ここで思い出されるのは、六祖慧能大師の言葉です。「本来無一物、何れの処にか塵埃を惹かん」。塵一つないという言葉ですよね。達磨さんも「廓然無聖」と武帝の問いに対して答えました。「無聖」です。聖なるものすら無い。やはり何も無いのです。これは仏陀まで行くと思います。仏陀の眼は清らかで塵一つ無い。ですから、「繊埃を絶す」というのはすごい褒め言葉です。趙州和尚だけではなく、六祖にも通じ、達磨さんにも通じ、仏陀にも通じていくのです。ですから趙州だけのものではなく、お釈迦様からの伝統を引き継いでおられるわけです。

ところが、これが禅の面白いところだと思うのですが、褒めなければならない時にかえってけなす、というのが禅の生き方／行き方なのです。そして単に褒めそやすよりも、もっと深い意味をそこから持ち出す。ただ単に褒めそやしただけでは、どんなに天の天際まで持ち上げても、褒めきれないことを逆に悪しざまに言うことによって実感していただくということが禅の行き方なのです。

そこで、圜悟禅師はここにどんな著語をつけたかといいますと、「沙《すな》を撒《ま》き、土《つち》を撒《ま》き散らした」と、こういうことを言うのです。これは雪竇さん批判ですね。雪竇らしくもない、へまをやりおったなと、雪竇が褒めたのが気にくわないわけです。あんたは褒めそやした気かもしれないけれども、そんなことを言うのは、趙州の眼に砂や土を撒き散らしたようなものだぞ、というわけです。かえって趙州を巻き添えにして趙州和尚に迷惑をかけてはいかん、立派な答えを出した趙州和尚を引きずりおろしてはいかんぞ。そして最後に「天を撈《ろう》し地を模《も》し什麽《なに》をか作さん」と、つけております。趙州を褒めようとすることは、天地を掴もうとするようなもので、何と褒めそやしても一向に届かんぞ、という語をつけておられるのです。こうして、雪竇の頌に圜悟禅師が加わりまして、雪竇の語のとどかないところまで、さらに何とか持ち上げていこうとされているのだと思います。

頌に「東西南北の門相対《あいたい》して」とあります。趙州城を囲んで東西南北の門ががっしりと作られている、と雪竇は詠っているのですが、そこに「開也《かいや》」、開けりと、圜悟禅師は著語をつけています。その四つの門が開いたぞ、と圜悟さんは言っております。「那裏《いずこ》にか許多《こんなに》も門有《もんあ》らん」。なんだ、四つもあったのか、ということです。それが皆開いた。「趙州城に背却《せをむ》けて」、趙州城を背にして、「什麼処《いずこ》に向かってか去《ゆ》く」と、こういう一句をまたつけております。趙州城に入らないで背を向けて、いったいどこへ行くつもりか、ということです。趙州城は開いているぞ、それが見えるか、と。これは、どこへ行ったってだめだぞ、無意味だぞ、と言っているのです。趙州城は開いているのです。天の天際まで開いているのです。下は金輪際まで開いている。どこへ行ったって趙州城だぞ、と。趙州城を眼の前にして帰るどころの話ではないぞ、と。どこへ行ったって趙州城じゃないところはないぞ、というそんな意味合いでしょうか。そんな著語をつけているのです。

そして頌の最後に、「東西南北の門相対して」、「限り無く鎚《つち》を輪《ふりまわ》すも、撃ち開けられず」。無限に鉄の鎚を振りまわしても、この趙州の門は開けられないぞ、とこう言っているわけです。それはどうしてか。圜悟さんはここの著語で、会下の人にこう言っています。「自是你《もとよりなんじ》鎚を輪《ふりまわ》すも到《とど》かず」。諸君、自分たちでやってみろ。自分たちでやってみたところで、これは開けられないぞ、というのです。最後に「開也」、開けり、と言っています。開いているんだ、もうすでに開いているんだ、というのです。これ以上開けるか、ということですね。こういうことを言っています。そしてこの「開也」はどうでしょうか。先の著語で一度「開也」と使っています。「東西南北の門相対す」、相対したままで、ちゃんと門があったままで、門は開いているんだ。だから開いている門を、それ以上鎚を振りまわしても、何もできんぞ、もう開いているんだ、というのです。

「汝の眼睛を換却えん」

もう一度、一番最初のところに戻りますが、この頌に対する評唱の最初に、このように圜悟さんが言っております。「趙州は機に臨んで一《ひとえ》に金剛王宝剣に似たり。擬議《ぎぎ》せば即ち你《なんじ》が頭を截却《きりおと》し往往に更に面《めん》と当《むか》って汝の眼睛《めのたま》を換却《とりか》えん」。こういう評をつけているわけです。これが、垂示の始めの「明鏡台に当たりて、妍醜《けんしゅう》自ずから辨ず」という働きなのです。またこれは、禅のほうでは「鏌鎁《ばくや》手に在りて、殺活時に臨む」ということだとも述べました。

具体的にどういうことかと言いますと、「趙州は機に臨んで」、僧の質問に出会って、

「一に金剛王宝剣に似たり」、まさに金剛王宝剣になって、ということです。趙州和尚そのものが金剛王宝剣だぞ、鏌鋣の名剣だぞ。「擬議せば」、ちょっとでも戸惑ったら、あなたがたの頭を切り離して死に至らしめて、「往往に更に面と当《むか》って汝の眼睛を換却《とりか》えん」、目玉を入れ替えるぞ、とこういうことです。いわゆる死中に活を得させるぞ。単に殺すだけではないのです。達磨さんは武帝にそうできなかったけれども、皆を殺してでも、目玉を取り替える、透関底眼に替えさせるぞ、とこういうわけでしょうか。そして、差別と平等を使いこなせる境涯を得させて、まさにこの転身の処、その時その時によってどう応えるかという、その妙味を弁えさせるぞ、とこう言っているわけです。

ですから単に肯定してしまうと、それ止まりですよね。それでは面白くありませんし、他人事になってしまうのです。ですからその褒めるところを褒めないで、逆にけなしてけなしていくわけです。逆方向にいくわけですが、逆方向に行きながら、氣がついてみると、こんなに深かったのかと思うくらいの処に聴く人を引っ張り込む、というのが禅の生き方／行き方だと思うわけであります。

だから常識的に解釈しますと、「爍迦羅眼《しゃからげん》、纎埃《せんあい》を絶す」というところは、趙州和尚の「金剛不壊《こんごうふえ》の活眼睛《かつがんせい》は、よく四門を通して四天下を照らして、かけくもりはない」という

真行絶致

ことですね、言葉の上では。しかし、そう雪竇が詠うと、それはまずいと圜悟禅師は言うのです。それが著語の尊いところだと思います。そして、まずいと言いながらも、心ではよく詠ってくださったと、雪竇の翰林《かんりん》の才を大いに褒めそやしています。そうしながらも、口ではそのようにけなして、そしてお互いに丁々発止しながら高めていくということであります。

恁麼恁麼なり、不恁麼不恁麼なり――第一〇則「睦州問僧甚処」

【垂示】垂示《すいじ》に云《いわ》く、恁麼恁麼《いんもいんも》、恁麼《いんも》ならず恁麼《いんも》ならず。若《も》し論戦《ろんせん》せば、箇箇転処《ここてんじょ》に立在《た》たん。所以《ゆえ》に道《い》う、若《も》し向上《うえ》に転《てん》じ去《さ》らば、直得《はて》は釈迦《しゃか》・弥勒《みろく》・文殊《もんじゅ》・普賢《ふげん》、千聖万聖《せんしょうばんしょう》、天下《てんか》の宗師《しゅうし》も、普《あまね》く皆《み》な気《いき》を飲《の》み声《こえ》を呑《の》まん。若《も》し向下《した》に転《てん》じ去《さ》らば、醯雞蠛蠓《けいけいべつもう》、蠢動含霊《しゅんどうがんれい》、一一大光明《いちいちだいこうみょう》を放《はな》って、一一壁立万仞《いちいちへきりゅうばんじん》ならん。儻或不上不下《もしふじょうふげ》ならば、又《ま》た作麼生《そもさん》か商量《しょうりょう》せん。条有《じょうあ》れば条《じょう》に攀《よ》り、条無《じょうな》ければ例《れい》に攀《よ》る。試《こころ》みに挙《こ》し看《み》ん。

【本則】挙《こ》す。睦州《ぼくじゅう》、僧《そう》に問《と》う、「近《ちか》ごろ甚処《いずこ》を離《はな》れしや」。僧便《そうすなわ》ち喝《かっ》す。州云《しゅういわ》く、「老僧汝《ろうそうなんじ》に一喝《いっかつ》せらる」。僧又《そうま》た喝《かっ》す。州云《しゅういわ》く、「三喝四喝《さんかつしかつ》の後作麼生《のちそもさん》」。僧無語《そうむご》。州便《しゅうすなわ》ち打《う》って云《いわ》く、「這《こ》の掠虚頭《りゃっきょとう》の漢《かん》」。

【頌】両喝《りょうかつ》と三喝《さんかつ》と、作者《さくしゃ》は機変《きへん》を知《し》る。若《も》し虎《とら》の頭《あたま》に騎《の》ると謂《い》わば、二《ふた》り倶《とも》に瞎漢《かっかん》と成《な》らん。誰《たれ》か瞎漢《かっかん》なる。拈《ねん》じ来《き》たりて天下《てんか》に人《ひと》の与《ため》に看《み》せしむ。

把住と放行

では垂示から見ていきます。最初は「恁麼《いんも》恁麼、不恁麼《ふいんも》不恁麼」です。「恁麼」といいますのは、肯定です。それに対して「不恁麼」のほうは「不」が付きますので否定です。一番簡単な言葉で言えば「恁麼」とは「そうだ、そうだ」という肯定です。そしてそれを禅では、別の言い方で「放行」と言います。僧堂の会計簿のことを「把住放行帳」と言います。お米ならお米でも、いただくほう、つまり入れるほうは把住になります。そして、雲水に食べさせるなど、出すほうは放行になります。出入です。放行が出、把住が入です。ですから、お布施をいただきますと、それは把住になります。そのお布施でお米を買いますと、お布施は放行になるわけです。

そして肯定とか否定、放行とか把住という言葉に添えて、もう一つ事的に表すことがあるのです。そうなりますと、「放行する時んば瓦礫も光を生ず」とこうなるのです。「そうだ、そうだ」と肯定するのです。肯定する段になると、瓦礫も光を出すぞ、と。把住する段になりますと、「把住する時んば」、これは否定ですね、「黄金も色を失う」。黄金も光がなくなってしまい、瓦礫のようになってしまう、というのです。こういう掴まえ方をするわけです。ですから、垂示に云く、ある時は「そうだ、そうだ」と肯定していく。ある時は、「だめだ、だめだ」、「そうじゃない、そうじゃない」と否定していく。

「若し論戦せば」、もし論戦の時になったら、「箇箇転処《こ こ てんじょ》に立在《た》」つ、と言っています。ある時は「恁麽恁麽」と肯定の立場に立って論戦する。いま「恁麽恁麽」と言っていたかと思うと、成り行きで、サッと今度は否定の立場に立って「不恁麽不恁麽」と言い出す。そうやって論戦するんだ、ということでしょうか。

「所以に道《い》う、若し向上《うえ》に転じ去らば」。「向上」というのは「恁麽」でしょうか、「不恁麽」でしょうか。ここでは、いろいろな取りかたがあるでしょうが、不恁麽になるのです。否定するわけです。上に向かうわけですから、自己を否定していくわけですね。現状に甘んじないと言いましょうか。いわゆる「上求菩提」です。菩提を求める、上に菩提を求める、というところです。「直得《はて》は」、その立場に立つと、「釈迦・弥勒・文殊・普賢、千聖《せんしょう》万聖《ばんしょう》、天下の宗師《しゅうし》も、普く皆な気《いき》を飲み声を呑まん」、皆否定されてしまうというのですね。お釈迦さまでも否定されてしまう。それが、「不恁麼不恁麼」の世界です。

もし逆に、「向下《した》に転じ去らば」、下に向かって転じると。これは、「下衆生を化《か》す」というところですから、「醯雞蠛蠓《けいけいべつもう》、蠢動含霊《しゅんどうがんれい》」も、うごめくウジ虫どもも、「一一大光明を放って」、肯定されて、大光明を放って、「一一壁立万仞《へきりゅうばんじん》ならん」。ウジ虫も何も、どんなものも、光明を放って唯我独尊だ、近寄れたものではない、とこういうわけです。

それだけかというと、まだあると言うのです。「儻或《もし》不上不下ならば」、上に向かうでもなく下に向かうでもない、否定するのでも肯定するのでもない。そんな立場に立ったら、「又た作麽生《そもさん》か商量《しょうりょう》せん」。どのように問答をするのか。「条有れば条に攀《よ》り、条無ければ例に攀る」。これは裁判の言葉ですね。「条」というのは法律だと思います。法律があったら、法律をもとに裁判する。法律がなければ、「例に攀る」、判例をもとに判決を出す。ですからここでは、条、法律に当たるのがお経でしょうね。この問題についてお経があれば、お経によって判断しよう。一方、判例に当たるのは、祖師がたの問答だと思います。お経がなければ、かってなされた祖師がたの問答にならって工夫してみよう、ということだと思います。「試みに挙し看ん」、試しに一つの問答を挙げてみるから、よく見てほしい、と。

「僧、便ち喝す」

そして、本則に入ります。「挙す。睦州《ぼくじゅう》、僧に問う」。睦州というかたは、臨済禅師、また雲門禅師をお悟りに導かれた高徳のかたです。その睦州禅師が、ある僧に問いました。「近ごろ甚処《いずこ》を離れしや」。「君はどこからやって来たか」、と問うたということです。そうしますと、「僧便《すなわ》ち喝《かっ》す」。僧は、どこから来ましたと答えないで、一喝を放った、ということでありますす。これは見事だと思います。ここまででしたら、この僧を褒めなければならないところだと思います。

「どこから来た」というのは、ある意味で常識の問題です。ところが僧は、常識をもって答えなかったわけです。一喝をもって答えた。これは、ここからやって来ましたと言っているようなものです。一喝を放って、私はここからやって来ましたと答えた。ということは、一時たりとも私はここを離れておりません、全国どこへ行こうとも、ここを生きてまいりました、というようなことです。これは何とも見事な答えではありませんでしょうか。そうしますと、「州云く、『老僧汝に一喝せらる』」。「わしはお前に一喝された」と。老いぼれたものだ、修行僧に一喝されてしまったわい、叱られてしまったわい、とこういうわけでしょうか。ここからは、さあどうでしょうか。それを聞いて、「僧又た喝す」。もう一度その僧は「かーっ」と一喝を放った、と。これはどうでしょう。何とも判断できないところです。いいようでもあり、問題でもあるという感じがしてきます。「人を殺さば血を見るべし」という物騒な言葉がありますよね。

それで、「州云く、『三喝四喝の後作麼生《そもさん》』」。おうおう、またやられたわい。ならば三度四度一喝した後、とどのつまり、一件落着のところはいったいどうなんだ、どう答えるか、ということです。ここには毒が出て来ておりますよね。僧も、睦州を相手に一喝を放つくらいの僧ですから、そのことに気がつかないことはないと思います。そこで今度は一喝しなかった。黙り込んでしまった。そこを雪竇禅師は、頌の二句目で「作者機変を知る」と褒めています。最後まで一喝にもっていかなかった。

それから睦州はどうしたかといいますと、「便ち打って」、その僧を棒で叩いた。そして「這《こ》の掠虚頭《りゃっきょとう》の漢」と言われた。直訳すると、「この中味のない男」という意味でしょうか。この偽物めが、と言って叩いた、とこういうわけであります。そういう成り行きなのです。

ここで、本則をもう一度振り返ってみます。「挙す。睦州、僧に問う、『近ごろ甚処を離れしや』」。これは普通の問いです。よく出される問いです。どこから来ましたか、と。それに対しまして、僧は一喝をもって答えました。「僧便ち喝す」。これは向上底です。垂示でいう向上のところだと思います。垂示にありますように、「天下の宗師も、普く皆な気を飲み声を呑まん」と言っている、そこです。さすがの天下の宗師たる睦州も、気を飲み声を呑まざるをえなかった。見事な答えだ。

しかし、睦州は黙っていないわけであります。「老僧汝に一喝せらる」。おうおう、一喝食ってしまったわい、ということです。そうすると、これはどういうことでしょうか。これは向下だと思います。「恁麼恁麼」というところです。臨済を育て、雲門の片足をへし折ったくらいの睦州ですから、おうおう、と言って若造をもちあげるわけです。まさにこれは向下です。瓦礫も光を生ず、ということですよね。そうすると「僧又た喝す」。これはどうでしょうか。「不恁麼不恁麼」のところではないでしょうか。また「だめだ」と出たわけです。

そうしますと、「州云く、三喝四喝の後、作麼生」。これが、「不上不下」というところだと思います。三喝四喝の後どうするか、そうすると僧は黙りこくってしまった。ここで睦州がそのまま引っ込んでしまったら、睦州は落第だと思います。そこで、睦州「便ち打って云く」、打ちました、そして、この偽物め、と言いました。それでその偽物とはどういうことか。それをもう一度雪竇さんの頌によって見ていきたいと思います。

頌に、「両喝と三喝と、作者《さくしゃ》は機変を知る」。両喝とその後の三喝目と、三喝はなかったわけでありますが、作者はそこの機変を知る。「作者」、主体性を持った衲僧は機変を知る、というわけです。いつまでも一本調子ではないのです。その時その時の状況によって変わっていく。臨機応変です。「若し虎の頭に騎《の》ると謂《い》わば」。一喝いたしました。それで、睦州和尚――これが虎でしょうね――の頭に乗れた、乗っかったと、もしその僧が思わば、「二り倶《とも》に瞎漢《かっかん》と成らん」。そんなふうに思ったら、それは僧は盲者と言わなければならない。そしてまた、そのような思い違いを許した、若造に頭の上に乗られた睦州も、また盲者と言わなければならない、ということでしょうか。

と言っておいて、「誰《たれ》か瞎漢なる」。では誰が盲者なのか、と改めて問い直しております。

「拈《ねん》じ来たりて天下に」、天下に引っ張り出して、「人の与《ため》に看せしむ」、人々に見てもらおうじゃないか、ということです。判断してもらおうじゃないか、その判断のしようによって、見せられた人々、世の人々が、またこれが本物か偽物か判断されるわけであります。このような流れになっているのだと思います。いかがでしょうか。

「僧、無語」

問題は「僧無語」のところです。これをどう取るか。決して悪くはないと思います。雪竇さんが褒めるように、ここは作者が機変を知ったところであります。悪くはないけれども、良くもない、ということだと思います、この「無語」は。答えられないわけですから。無語で答えたつもりかもしれませんが、答え切っていないと思います。そこでこれは、どうしても睦州が打たなければならないところです。これは許してはならないと思います。そして、この「掠虚頭の漢」、偽物め、と言っておりますけれども、言葉ほどの否定はないと思います。ある程度は認めた言葉だと思います。悪くはないけれども良くもないぞ、という「偽物」だと思います。本物とは言えないぞ、悪くはないけれども本物とも言えないぞ、という一語だと思います。

僧の最初の一喝は、どこへ行ってもここを生きてまいりました、という一喝だと思います。そうしますと、「万里一条の鉄」という語がありますが、まさにそういう一喝です。どこへ言ってもこの一喝、ここで生きてまいりました、日本中全国行脚してまいりましたが、いつもここを離れておりません、この一喝のところを生きてまいりました、とこういう答えです。放っておいたら、最後までそのままで行くでしょう。そうすると、またこれは問題です。睦州という大宗師がおられるわけですから。向上というのは、あくまでも上へ向かって歩いて行くということです。だから、睦州に出あうことによって、この僧は変わらなければ嘘だと思います。一喝で睦州の前を通り過ぎてしまったら、睦州と会った意味はないと思います。

そこでおそらく睦州のことですから、最初の一喝でこの僧の力というものを見分け得たと思います。だけど、一喝目ではそれは言わないのです。言わないで、受け身になっているわけです。それで、逆に持ち上げているわけです。僧は、自分の答えが良くて、黄金だから持ち上げられたのか、それとも、ガラクタだけれども持ち上げられたのか、その判断がついてないと思います。

睦州が「老僧汝に一喝せらる」と、こういう受け答えをしますと、図に乗って、という言いかたがいいかわかりませんけれども、僧はまた一喝をくだすわけです。それでもまだ睦州は、睦州の真髄を見せないわけです。そして、「三喝四喝の後、作麼生」と言います。何遍でも一喝を吐いて、その後、君はいったいどういう答えをそこに吐き出すのか、最終的な答えをどうおさめるのか、一件落着の答えはいったい何なのか。一喝なのか、それとも少しは変わるのか、とこういうことです。こう出られて、さすがのこの僧も一喝が出なかった。そこで睦州は打ちます。そして「この偽物めが」と言うわけです。

雪竇さんはそこを「両喝と三喝と」と詠い始めますが、二度、喝しただけですよね。三喝目は出していないですよね。ですからむしろ、「三喝四喝の後、作麼生」ということが三喝目だと取れなくもないですよね。両喝というのは僧がくだした二つの喝です。そして三番目の喝というのは、一喝ではないですけれども、「三喝四喝の後、作麼生」と睦州が言った語だと。これは聴きようによれば喝以上の力を持った言葉ですよね。「作者は機変を知る」。作者ならば、「掠虚頭の漢」ではなくて本物だったら、機変を知らなければならないぞ、とこうも読めます。

間違っても、というのが次のことだと思うのです。「若し虎の頭に騎ると謂はば」。間違っても、一喝二喝で、睦州の頭に乗れたとこの僧が思ったとしたら――僧の問題ではないかもしれません、皆さんが、かもしれません。皆さんが、この僧の両喝でもって、睦州和尚の頭に見事乗っかったなどと思い違いをしたら、「二り倶に瞎漢と成らん」。その僧も瞎漢、これは間違いないですよね。もう一人の瞎漢は、われわれだと思います。そう思うわれわれ、あなたも、僧の巻き添えをくって、あるいは、僧を巻き添えにして、でしょうか。そう思うあなたが瞎漢なんだ。しかも、一喝、二喝を放ったその坊さんを巻き添えにして、とこうも取れますよね。このように、ここには睦州が入らないとも取れますよね。あるいは、睦州を入れて二人なのかどうか。

このように、いろいろなふうに取れるので、「誰か瞎漢なる」、はっきりさせよう、二人と言うのじゃなくて、誰と誰だか名前を言え、ということです。「拈じ来たって」、いろいろ工夫して、誰が瞎漢だったのか、「天下に」、四百余州に、この問題を持ち出して、そこにいる人に見てもらおう、と。どこもかしこも、この僧が、ここで生きてまいりました、と言ったその天下です。天下に問おうじゃないか、全国津々浦々の人に確かめてもらおうじゃないか、とそのようにも取れます。そんな一則であると思います。

「どこから来たのか」というのは、差別《しゃべつ》の世界だと思います。差別の世界なので、われわれの現実の世界です。それに対して、一喝でもって答えて、差別の世界をぶった切りました。平等です。「一相無相」という言葉がありますが、一相をもって、一喝をもって答えたわけです。どこでもかしこでも、全国津々浦々、この一喝を私はひっさげて、この一喝のところを生きてきました、というのも、修行者としてはいいのです。だけれども、そこで、ああそうか、と引き下がってしまうと、睦州に会った値うちがないと思うのです。睦州という大宗師にお会いして、自分がどう変われたか、ということがまた大事になってくるのです。自分を通すだけがいいことではないと思うのです。出来たらその上でもう一つ、「画龍点睛」という言葉がありますが、本当の眼をつけることが出来たら、睦州に会って本当の眼が開けたらもっといいわけです。そこのところをどういうふうに扱っていくかという問題も出て来ると思います。

では、なぜ自分は変わらなければならないのでしょうか。例えば、「涅槃」という言葉があります。死んで涅槃に入る、という「涅槃」です。朝比奈宗源老師というかたがおられました。鎌倉の円覚寺の管長をされておられたころ、お話を聞いたのですが、「仏心から生まれてきて」、とおっしゃるのです。われわれは仏心から生まれてきて、仏心の中を生きて、仏心に帰っていくんだ、とこうおっしゃるのです。それを聞いて私は救われた気がしました。まさにこの僧の一喝です。この一喝が仏心だったら、まさにどこへ行っても

この仏心を生きてまいりました、仏心からやってまいりました、ということです。

だけど、果たしてそれだけでしょうか。一方において、「道無窮」という言葉もあります。われわれの歩む道というものは窮まりがない、と。そのようなことを思うと、やはり人生は一刻一刻、念々無常なり、です。「念々無常」という言葉が『臨済録』にありますが、一念一念わたしたちは尽くして死に向かって進んでいるんだとしたら、やはりもっともっと知りたいと思いますよね。これで最後だ、と思うのではなくて、もっともっとあるはずです。ありったけのことを知りたいと思ったとしても、どれくらい知れるかわかりませんけれども。ほんのわずかでしょうけれども、やはり、人生百年として、少しでも知りたいと思う気持ちもまた強い、とこう思います。

この祥福寺のご開山の盤珪さんは「不生」の一言で尽くしています。だから変わらない

のです、「不生」ですから。そうおっしゃっていますけれど、その変わらないところで、やはり変わっていきたい、少しでも世の中のことを知りたい、ということです。そういう思いもまた本当だと思います。だからこの僧もただ一喝するのではなくて、もう少し変わってほしいところです。なので、ここで一喝が出なかったことを雪竇さんは褒めていますよね。「作者機変を知る」と。その機変を知ったところから、どう出るか。これもまた『臨済録』の序にある言葉ですけれども、「妙応無方」という言葉があります。何とも言えない対応が、どんな方面から問いを出されても出て来る、という言葉もあります。「時間よ止まれ」という言葉がゲーテにあります。ですが、それはどうでしょうか。それはもうここでいい、ということです。しかし、それは果たしていいことでしょうか。これもそうではないと思います。最後まで時間が止まっているのでしたら、時間が無いほうがいいと思います。

「清浄の行者、涅槃に入らず」

しかし、この則は取りかたがいろいろあっていいと思うのです。そこが「拈じ来たりて」ということで、いろいろ工夫されてご自身の理解があっていいと思います。答えは決まっていないのです。何せわれわれは現場にいませんから。そこが不利ですよね。それで、わからないところがいいのだ、というかたもいらっしゃいます。例えば、わたしたちの禅のところで言いますと、公案があります。その答えも一応あるわけです。その答えに関して、完全な答えを嫌う老師もいらっしゃるのです。ある公案に対して答えが完全であると、その公案がそこで終わってしまうわけです。そうするとまったく公案でなくなります。それで、やはり何パーセントかはわからないところを残しておいたほうがいい、と。

「白雲未在」なんかはそうです。「祇《た》だ是れ未在」と、未在と言っているのです。何を聞いてもきちんと答えることが出来る。だけど、「祇だ是れ未在」と白雲禅師がおっしゃる、という公案があります。この「未在」のところから、「未在」を自覚しているところから本当の力が付いてくるのではないかと思います。でないと、そこで止まってしまう、というのです。だから雲水も、どう変わるかわからないのです。鈴を振ります。帰ってきます。帰ってきて禅堂へ着くまでに何か気がつくかもしれない。だからそういう眼で見ていかないといけないと思うのです。次の室内に入ってくるまで変わらない、というように見てはいけないと思います。いつ変わるかわからない、というように見ておいて、ただそれを証明しに室内に入ってくるんだというように見ておかないといけないと思います。「後生恐るべし」ということだと思います。

また、公案ではなく、わたしたちの人生においてはどうでしょうか。私が一番思いますのは、「観音経」の「世尊偈」に、「心念不空過」とあります。「心に念《おも》う、空《むな》しく過ぎざることを」ということです。わずかに百年の人生ですが、そのわずかの人生を、何とか空しからずして過ごしたい、とこれだけは思いますよね。

お釈迦さまが出家したのもこのことからだったと思います。今は小なりと言えども一国の国王の息子という立場にあっていいけれども、亡くなった後はどうなるかわからない。この次はどこへ生まれてくるかもわからないというところに、やはり空しさを感じたのではないでしょうか。そこで、「涅槃を求めて」と言われています。最初は衆生済度ではないのです。涅槃を求めて出家されたんだと聞いております。

ところが今わたしたちには、二千五百年の歴史がありますから、その結果、四弘の誓願が出て来るのです。先ず「衆生無辺誓願度」です。そこに仏教の二千五百年の大切な歴史というものがあったんですね。そこで多くの皆さんがものすごく苦労されたのだと思います。自分をおいておいて人様を先になんて、これはある意味不自然ですよね。でも、仏教とはこれだ、というふうになるのに、二千五百年かかったということだと思います。
話を戻しますと、お釈迦さまは涅槃を求めて旅立たれたわけですが、「清浄の行者涅槃に入らず」という言葉があります。今公案になっております。清らかな行為をする者が涅槃に入れない。一方、「破戒の比丘地獄に堕ちず」というのです。戒を破った坊さんが地獄に堕ちない。これは差別じゃないか、というものですよね。坊さんだと、戒を破っても地獄に堕ちない。行者《あんじゃ》というのは、坊さんではない方で仏道の修行をされる方のことです。清浄の行者だと、清浄な行為をしても涅槃に入ることが出来ない。これはどういうことかと。

結局これは、今が問題なんです。死んでからどうのこうのじゃありません。清浄の行者が清らかな行為をしていると、今気持ちがいいのです。それは涅槃に入る切符じゃないのです。今気持ちがいい、それだけです。破戒の比丘地獄に堕ちずは、今はどうか。今苦しいんだ、戒を破った今そこで、その坊さんは苦しんでいるんだ、とそういうことです。結局、死んでどうのこうのという問題じゃないと思います。今の問題です。今ちゃんと業を受けているんです。いいことをした人は気持ちがいいし、戒を破った者は後ろめたい気持ちがする、ということだと思います。

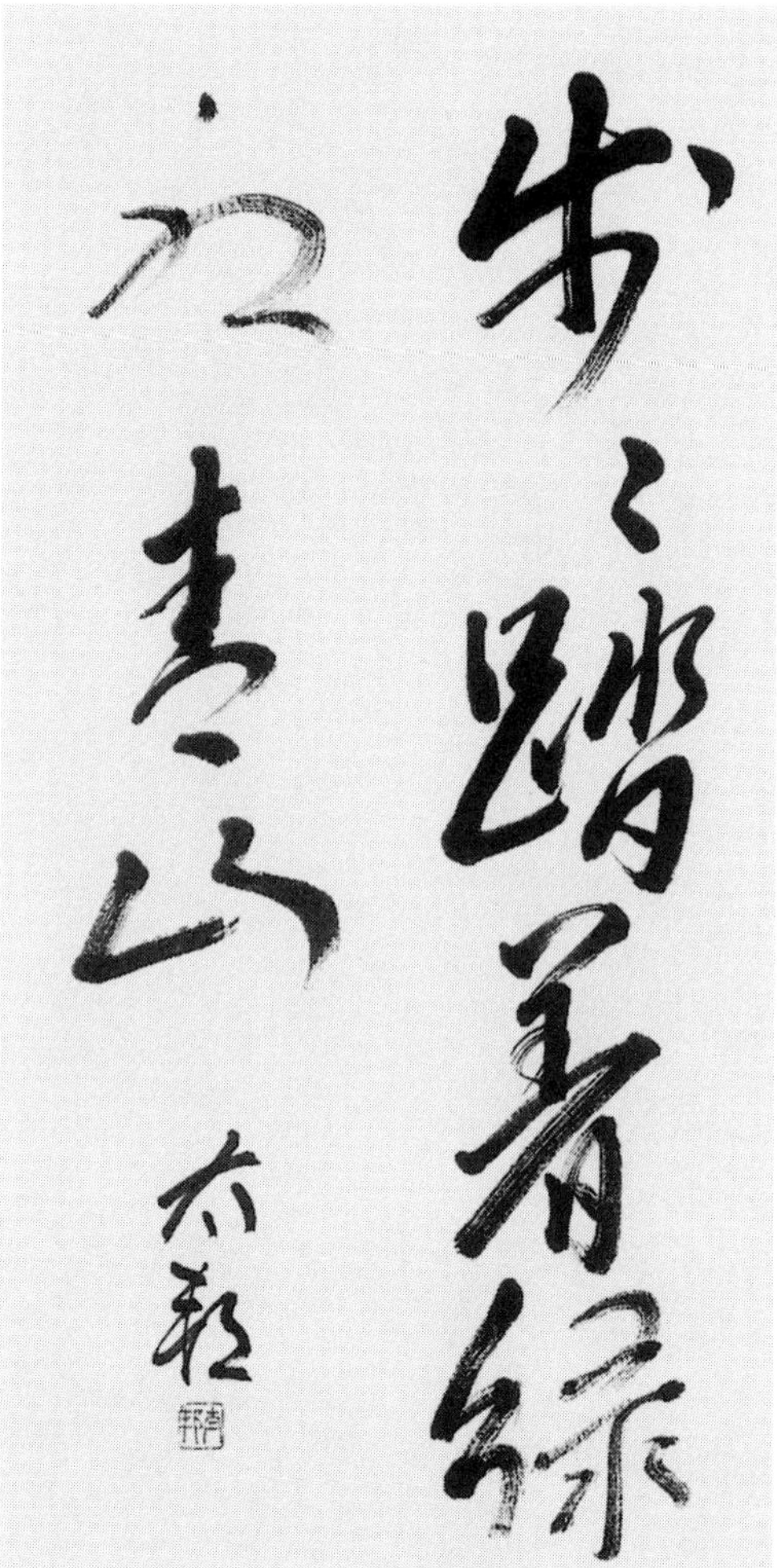

歩歩踏着　緑水青山

しかし、ただそのことだけではないと思います。ただその時のことだけではなくて、大事なのは、その気持ちを生きている限り持ち続けてほしいということです。そうすればどうでしょう。その気持ちを持ち続けていただいたら、亡くなった時涅槃に入ることは間違いなしですよね。そしてもう一つ言うと、朝比奈宗源老師の言っていることにも通じていきます。「仏心の中から生まれて、仏心の中を生きて、仏心に帰って行く」。同じだと思うのです。それが「清浄の行者涅槃に入らず」ということだと思います。涅槃に入らないのではないのです、ちゃんと亡くなる時には涅槃に入れるのです。そこしか生きていないということです。

この僧の一喝もそれはあると思います。あると思いますが、ただそれだけか、と睦州に揺さぶられるわけです。睦州は、まだそれを全面的に認めはしないわけです。「三喝四喝の後、作麼生」とやります。そこでどうなるか。いつも自分はここを生きてまいりました、ということが、この問答の結果、ますますこの僧にとって固くなった、一層強固なものになったはずです。鍛えに鍛えられたというところだと思います。

ですから、一応否定もしています。否定する、叩くことによって一層、この一喝の場というものを、その僧の身体のすみずみまで染み込ませたはずだと思います。大切なのはそういうことだと思います。この問答を通して、この僧の一喝に対する思いが、ますます自分のものになった、身についた、とこういうふうに思いたいわけであります。

恁麼に行脚せば、何処にか今日あらん——第一一則「黄檗酒糟漢」

【垂示】垂示《すいじ》に云《いわ》く、仏祖《ぶっそ》の大機《だいき》、全《すべ》て掌握《しょうあく》に帰《き》し、人天《にんでん》の命脈《みょうみゃく》、悉《ことごと》く指呼《さしず》を受《う》く。等閑《さりげな》き一句一言も群《ぐん》を驚《おどろ》かし衆《しゅう》を動《うご》かし、一機一境《いっきいっきょう》は鎖《くさり》を打《う》ち枷《かせ》を敲《たた》く。向上《こうじょう》の機《き》を接《せっ》し、向上《こうじょう》の事《じ》を提《てい》す。且《しばら》く道《い》え、什麼人《なんびと》か曽《かっ》て恁麼《いんも》にし来《き》たる。還《は》た落処《らくしょ》を知《し》るもの有《あ》りや。試《こころ》みに挙《こ》し看《み》ん。

【本則】挙《こ》す。黄檗《おうばく》、衆《しゅう》に示《しめ》して云《いわ》く、「汝等諸人《なんじらしょにん》、尽《ことごと》く是《こ》れ噇酒糟《とうしゅそう》の漢《じんぶつ》なり。恁麼《いんも》に行脚《あんぎゃ》せば、何処《いずこ》にか今日《こんにち》あらん。還《は》た大唐国裏《だいとうこくり》に禅師《ぜんじ》無《な》きことを知《し》るや」。時《とき》に僧《そう》あり出《い》でて云《いわ》く、「只《た》だ諸方《しょほう》の徒《と》を匡《ただ》し衆《しゅう》を領《ひき》いるが如《ごと》きは、又《ま》た作麼生《そもさん》」。檗云《ばくいわ》く、「禅無《ぜんな》しとは道《い》わず、只《た》だ是《こ》れ師《し》無《な》し」。

【頌】凛凛《りんりん》たる孤《こ》風《ふう》自《みず》ら誇《ほこ》らず、寰海《かんかい》に端居《たんご》して龍蛇《りゅうだ》を定《さだ》む。大中天子《だいちゅうてんし》曾《かつ》て軽触《きょうそく》して、三度《みたび》親《した》しく爪牙《そうが》を弄《ろう》するに遭《あ》う。

黄檗禅師のこと

垂示から見てまいります。「垂示に云く、仏祖の大機《だいき》」。「仏祖の大機」から始まっています。仏祖というのは、仏さんと祖師方ですね。仏仏祖祖です。その大機、大きな働きということです。やはり法系がありまして、ここは臨済宗です。臨済禅師を開祖としているわけですが、臨済禅師の系譜をぐっと上に遡って行きますと、馬祖道一というお方がお出になっているのです。この方が大物だと私たちは思ってしまうわけです。曹洞宗の方々ですと、また違うかもしれません。馬祖道一禅師が出た同じ頃に、馬祖禅師と並び称され、二大甘露門と言われた石頭希遷という方がおられます。この方は真金鋪《しんきんぽ》、本当の金を商っているると歴史的に言われております。それに対して、馬大師は雑貨商《ざっかしょう》と言われたわけです。この雑貨商がまたいいと思うのですが、その馬大師の大機大用《だいきだいゆう》を受け継いだのが、本則の主役である黄檗希運禅師だと言われています。黄檗禅師のお師匠さんは百丈禅師です。そして百丈禅師のお師匠さんが馬祖禅師です。

『碧巌録』では、第三則で「日面仏、月面仏」という死に際の物語を読んだわけです。その馬祖禅師は大機大用と讃えられたのですが、その大機の面を受け継いだのが百丈禅師で、その大用、大きな働きの面を受け継いだのが孫弟子になります黄檗禅師だと言われているのです。そして黄檗禅師は、まさにお師匠さんが百丈禅師ですから、間違いなく百丈さんの法も受け継いでいるのです。そうすると、馬祖の大機大用を引き継いだのが、この黄檗禅師だということになります。それで、「仏祖の大機」です。大きな働きですね。「全て掌握に帰し」と詠われています。これほどの人だったのですね。全て掌に握りきったと、こういうわけです。ですから、黄檗禅師という方は大人物だったと思うのです。「黄檗の前に黄檗無く、黄檗の後に黄檗無し」とも讃えられた方です。それでこの黄檗禅師のお弟子さんが、臨済禅師なのですね。そういう法の流れになるわけです。

「仏祖の大機、全て掌握に帰し、人天《にんでん》の命脈《みょうみゃく》、悉《ことごと》く指呼《さしず》を受く」。掌にがっしりと握っている、つまり身につけたということでしょうね。身につけておりますので、人間界のみならず、天上界の命脈、いのちを導いていく人々をも、ことごとく黄檗禅師の指図を仰がなければばならない。圜悟禅師は、この則を読むに当たって、こういうような言い方でご自分の意見を吐いているわけです。

「等閑《さりげな》き一句一言も」。「等閑」です。何気ない、無意識に出たような言葉、これといった目的もなくて飛び出したような、何でもない「一句一言も」、「群を驚かし衆を動かし」。人々を驚嘆させ、また人々を感動させる。「一機一境は鎖を打ち枷《かせ》を敲《たた》く」。「機」というのは、内側の働き、ご本人の働きです。「境」というのは外側の働きということだと思います。ですから、「一機」というと、例えば馬祖禅師でしたね、大機大用ですから。じろりとにらむという感じですね。じろりとにらめば、それがいろいろな鎖に縛られている人の、その鎖を断ち切る働きをする、とこういうわけです。我々はにらまれると縮こまるだけですけど、そうではないのだと。この黄檗ににらまれるとそうではなく、我々をがんじがらめにしている鎖の方をばらばらにして、我々を解放してくれるというすごい働きを持った方です。「枷」というのは、手枷足枷の「枷」ですね。「枷を敲く」と。我々の手脚を縛って不自由にさせている、そういう縛りを叩いてほどいてくれる、ということです。

「一境」というのは、外へはっきりと出たところを言います。ですからここで一境と言ったら、我々の手脚を縛っている縄をほどく働きをするということになっていくのではないかと思います。

空と公案

「向上の機を接し、向上の事を提す」。「向上」というのをどういうふうに押さえておいていただければいいのか、この「向上」が非常に難しいのです。中国の宋の時代に禅は日本に伝わったのです。虚堂智愚《きどうちぐ》禅師という方が宋におられまして、この方は、一休さんも大変尊敬している方ですね。我が国の大応国師が中国へ行き、虚堂さんのもとで修行しまして、その虚堂さんの法を持ち帰ったわけです。

その頃の公案体系は、三つだったと言われています。それは、「理致」「機関」「向上」です。この三つに分かれていたのです。一番最初の「理致」というのは「平等」の世界です。皆一つ、というところです。「機関」というのが「差別《しゃべつ》」の世界です。「向上」というのは、この二つを越えた世界を言ったわけです。「理致」は平等、「機関」は差別、その上に「向上」という世界があるんだ。「上に」という言い方がいい言い方かどうかわかりませんが、もう一つ「向上」という、その三つに分類したわけです。

そうしますと、『般若心経』を援用して今のところを繰り返しますと、「理致」という平等の世界は、「色即是空」というところの世界を言います。私たちは形あるもの、「色」です。「色」というのはもののことです。「色」からぐーっと「空」に転じていくところ、「色」として差別ある私たちがぐーっと「空」に転じていくところ。「空」とは平等です。空っぽの世界ですから、平等です。ですから、最初の「理致」という公案の世界は「空」の世界なのです。ともかく苦労をして、私たち一人一人が別物ではないんだ、と。実際には別物なのですけれども、だんだん修行するにつれて、無字なら無字でわからないままに錬っておりますと、「ああ、同じところから出たんだな」と、こういう実感が湧いてくるのです。皆一人一人は違います。違うのですけれど、同じところから出て来たんだ、ところなるわけです。その同じところというのが「空」の世界なのです。

では、「空」の世界に出たらそれでいいか、と。まだだ、とこう言うのです。そこで、今度は「機関」の公案で、そのまだだ、というところを錬るわけです。それでは、その「機関」の公案の世界はなんだというと、それはこの「現実」なのです。「色」は現実ですよね。「機関」の公案の意図するところも現実です。現実なんですけれども、そこに「皆一つだ」という空の面が入り込んでいるのです。ですから、「空即是色」というところが「機関」の公案なのです。教相では、最初の「色」は単なる「色」ですね。それで「空」を通ってもう一度「色」に帰ってきたその「色」を、「妙」という字をつけまして、「妙有」というのです。それで、やはり単なる「色」と区別します。そこを「差別」という言葉で区別しますと、単なる「色」は差別《さべつ》、「妙有」としての「色」は差別《しゃべつ》だ、となるわけです。

ですから、この「色」である現実を生きる時に、どうやってこの「空」の世界が働いていくか、それを学ばせるのが「機関」の公案であると思ってください。「機関」というのは働きですよね。だから、どんなに「空」の世界を体得しても、「皆一つだ」ということを体得しても、現実にそれが働かないと意味がないわけです。ですから、そこを「機関」で錬っていくわけです。

そしてその上にもう一つ、「向上」という世界を見るわけです。この「向上」とはまたとても難しいのです。そこで、江戸時代の中頃に白隠さんという方がお出になって、この公案体系の「向上」というところを開いたのです。一言に「向上」と言ってきたのですが、ここだけを五つか六つに開いたのです。そしてどんなふうに開いたかと言いますと、「向上」は残して、「言詮《ごんせん》」「難透《なんとう》」「向上」「末後《まつご》の牢関《ろうかん》」、先ずこんなふうに開きました。あと三つくらい開いているのですけれど。とりあえずこの四つです。「向上」もそのまま使っています。

そして「理致」という平等の世界を「法身《ほっしん》」としました。法の身体です。色は一般的に肉身、身体ですね。それに対して、法の身体、「法身」と変えたわけです。「機関」は同じです。そして「向上」を先ずこの四つに開いたのです。――「言詮」「難透」「向上」「末後の牢関」。「牢関」ですから、最後の縛りですね。そこをどう切り抜けていくか、ということです。特に、「難透」という、ここが難しいと言えば難しいのです。

仏祖の大機大用

禅のいのちは、あくまでも最初の「色即是空」というところにあると思います。我々一人一人が「空」の世界に入って行く。そこで、一箇所にこのようにして集まれるという世界ですね。よくお墓などに「倶会一処《くえいっしょ》」と書いてありますね、あれと同じです。倶《とも》に会う、一処《ひとところ》で、という「倶会一処」というのが「空」の世界です。私たち一人一人の肉身、身体は別々だけれども、気がついてみると同じところを生きているんだという。それが「空」という世界だと思います。

それが一番根本で大事なのですけれども、でもそれだけでは意味がない、というのが禅宗の見方です。そこに気がついたら、そこが自覚出来たら、どうやって「色」の世界を生き抜くのに、それが力となって働くか、それを大いに錬ってもらおうというのが、二番目の「機関」の公案なのです。

ところがそれだけではなく、昔から「向上」という世界を持っていた。では「向上」というのは具体的にどうなのかというと、いま言ったように、白隠さんはまず四つに分けるのです。この他に後三つあります。もっと詳しく分けろと言えばもっと分けます。しかし、まずはこの四つでいいと思うのです。その二番目に「難透」があります。これは「透り難《にく》い」ということです。なかなか透してもらえないところです。この「難透」の公案が、「向上」の公案の一つとしてあるわけです。

そうしますと、垂示の最初に返りまして、「仏祖の大機、全て掌握に帰し」と書いてありますが、「全て掌握に帰し」というところは、この「難透」の公案を透った、透り尽くしたということです。黄檗禅師というお方はそういうお方だ、と。「仏祖の大機」ですから、まず「機関」でしょうね。まず単に「空」の世界に入っただけでなく、その「空」の世界を引っ担いで、現実の世界で活き活きと働いている、鮮やかに働いている男だと。それだけではない、仏祖の命脈の「全てを掌握に帰し」、「向上」の部類、しかも一番難しいとされている「難透」の世界をも手に入れたお方だ、とこうなるのではないでしょうか。

だから「人天の命脈」、人間界と天上界の人々を指導なさっている者も「悉く指呼を受く」。この黄檗禅師の前に出たら、ご指導仰がなければならないぞ、とこういう言い方を圜悟さまは黄檗禅師に対してしているわけです。そしてその黄檗禅師の、何気なく吐く一句一言も「群を驚かし、衆を動か」す、大勢の人を驚嘆させ、感動させて止まない。そして、黄檗禅師のなす働きの「一機一境」、まだ表に出ない、言葉でしたら、言葉として出ないその働きも、眼の働き一つも、そしてそれが言葉として外に出た働きも、「鎖を打ち枷を敲く」。我々を縛るのではなくて、自由にさせてくれるのだと言うのです。

それだけではなく、「向上の機を接し、向上の事を提す」。「法身」「機関」まではやり遂げた。そして今度は「向上」を目指している「機」、人々を「接し、向上の事を提す」。「法身」「機関」のその上の事柄をひっさげて対してくれる、とこういうわけです。「且《しばら》く道《い》え、什麼人《なんびと》か曾《かつ》て恁麼《いんも》にし来たる」。このような方がいままでどなたかいたか、と。いた、というのですね。それが黄檗禅師です。

「還《は》た落処を知るもの有りや。試みに挙《こ》し看ん」。試しにここで、一人の人物、具体的には黄檗禅師のお話を挙げてみるから、ここのどこに大事なところがあるか、落としどころがあるか、一件落着のところ、肝心要のところがあるかわかるかな。ともかく一つ挙げてみるから、皆、よおく工夫してくれ、ということであります。

「恁麼に行脚せば、何処にか今日あらん」

そこで本則に入ります。「挙す。黄檗、衆に示して云く」。ある時黄檗禅師が、大衆に示しておっしゃるのに、「汝等諸人、尽《ことごと》く是れ瞳酒糟《とうしゅそう》の漢《じんぶつ》なり。恁麼《いんも》に行脚《あんぎゃ》せば、何処《いずこ》にか今日あらん。還《は》た大唐国裏に禅師無きことを知るや」。まず前半でこれだけ言っております。後半でまた、二言三言あります。「禅無しとは道わず、只だ是れ師無し」と後半で言っております。

「還た落処を知るもの有りや」と圜悟禅師はおっしゃっておりますが、黄檗禅師がここで言っている言葉の中で、一番大事なのはどの言葉なのでしょうか。四つか五つのことを言っておりますよね。まず「汝等諸人、尽く是れ噇酒糟の漢なり」、これが一つです。「恁麼に行脚せば、何処にか今日あらん」、これが二つ目です。「還た大唐国裏に禅師無きことを知るや」、これが三つ目。そして後半で、「禅無しとは道わず」、四つ目。最後は「只だ是れ師無し」。このように五つのことを言っておられますが、そのうちで本当に黄檗が皆さんに聞いていただきたい言葉はなんだったのでしょうか。黄檗の心のうち、一機ですよね。その一機のところでは、これを一番聴いてほしい、ということがあったはずだと思います。それが境として出ました。出た時は五つに分かれて出ております。その五つのうちのどれが黄檗禅師の一番の本音なのでしょうか。

私は、「恁麼に行脚せば、何処にか今日あらん」というところだと思います。もっと大事なこともあると思います。けれども、禅が大事にすることとはどういうことか、ということを考え、工夫してみていただきたいと思います。禅は哲学ではありません。倫理道徳でもありません。禅が大事にするところはここだ、というところです。ですから、倫理道徳でしたら、もっと他のことを大事にするかもしれません。哲学家だとしたら、恐らく違うほうを取るでしょう。しかし、禅はこれだ、というところは、まさに「恁麼に行脚せば、何処にか今日あらん」、ここだと思うのです。

そして、そう言ったがために、「還た大唐国裏に禅師無きことを知るや」と言わなければならなかった。あるお坊さんから、「黄檗さんは偉そうに言いますけれど、いま黄檗禅師の先輩にあたる潙山禅師もいますよ、南泉老師もまだ生きていますよ、それでもそんなことを言っていいのですか」と突っ込まれて、しどろもどろのような状態で「禅無しとは道わず、只だ是れ師無し」と、こうも言わなければならなかった。しかし、それは第二第三なのです。大事なところは、「恁麼に行脚せば、何処にか今日あらん」、これに尽きていると思うのです。

そう押さえていただきますと、この公案はまさに「難透」の公案として扱われているわけです。「難透難解」の公案の見本のように扱われております。この「難透」、透り難い、ですよね。どこをどういったら通り抜けられるのかわからない。その通り抜けられる道が、おのずと明らかになってくる、ということだと思うのです。

では、この「恁麼に行脚せば、何処にか今日あらん」というところが、どうして大事なのでしょうか。この「今日」という言葉でどのようなことを思い出すでしょうか。私は正受老人のことを思い出します。正受老人という方は、白隠さんのお師匠さんです。ですから、『碧巌録』が出来た時にはまだ生まれておりませんから、ここでは視野に入ってきませんが、「何処にか今日あらん」などという言葉を聞きますと、正受老人の言葉、「一大事と申すは、今日只今《こんにちただいま》の心なり」という言葉がスーッと出て来るのです。「恁麼に行脚せば」、そのように行脚していては、いつ一大事が掴めるか。その一大事とは何かといいますと、「今日只今」という一大事、それを掴めるか。「今、ここ、われ」と一口に言いますよね。禅は「今、ここ、われ」とこんなふうに言うのですが、「今、ここ、われ」の充実感を見出すことが出来るか、とこういうふうに響いてくるのです。

自己本来のいのちを徹見する

ですから、黄檗禅師に即して言えば、そのように行脚していたら、いつ今の儂の境涯になれるか、とそんなふうにも聞こえます。そうしますと、黄檗禅師はちょっと野狐禅じゃないかと言われそうですが、そうじゃないと言うのです。それを圜悟さんが証明しているわけです。黄檗禅師に限ってはそんな人じゃないぞ、本物中の本物だぞ、生まれつきの天性の禅者だったぞ、と大いに言ってくれているわけであります。しかし、そういうことを抜きにして、理的に解釈しますと、どうして、今日只今の一大事に気がつけるか、ということを言っているのだと思います。そして、あなたがたの行脚の目的は何だ、と。禅の方では、「われ、今、ここ」と言うぞ、と。「われ、今、ここ」の大事を、どうして気づけようか、というのです。ということは、行脚の仕方を問題にしていると思うのです。いったい何のために、諸君は行脚しているのか、そのような行脚の仕方では、いつ本当の一大事、「今、ここ、われ」の一大事に気づけようか、とこういうふうにおっしゃっているのではないかと思います。

そして、禅の世界では、この一大事とは「見性《けんしょう》」のことだと言われてきています。ですから、『無門関』の「兜率《とそつ》の三関《さんかん》」という公案に出て来ますが、「撥草参玄《はっそうさんげん》は只《た》だ見性を図《はか》る。即今上人《そっこんしょうにん》の性《しょう》、甚《いず》れの処《ところ》にか在《あ》る」、と言われているわけです。「撥草参玄」とは、行脚のことです。「撥草」、草を撥《はら》って、「参玄」、幽玄の世界に参ずることは、ただただ見性を図るためだ、と。「見性」です。自己本来の自性を徹見する、それだ、というわけです。その外のことをおもってはいかん、というわけです。そうしますと、まさに自覚という言葉ですね、自性を見る、徹見する、徹して見るということです。

そうしますと、自性を見るということが第一だということ、その自性を見るということに関しては、中国の四百余州に綺羅星の如くおられる素晴らしい禅師方も、全然関与できないんだ、ということを言っているだけだと思います。自性を徹見するのですから、自分の本来持っているありさまを見るわけですから、第一義的には、出来るのはご本人だけなのです。馬を川辺まで連れて行くことは出来ても、馬に水を飲ませることは出来ない、というところです。その点に関しては、師匠は何も出来ない、自分でやるしかないぞ、ということを言っているのだと思います。

ここで「行脚」とは何か、ということが大事です。中国は大中国と言うくらいですから、師匠に値するたくさんの和尚さんがいるわけです。その人を訪ね歩くわけです。それで自分にピタッと合った人がいれば、そこでしばらく留まって、その人のもとで修行する。そしてまた旅をする、とこういうふうに、お師匠さんを探して旅をすることを「行脚」といいます。いま寺社巡りが流行っているそうですが、その頃は、寺社ではなくて人、自分を導いてくれる師を訪ね歩いたことを「行脚」というのです。

行脚——道を求める態度

ここで、本則で肝腎なことは、自分がどんな気持ちで行脚しているか、それを問うているだけだと思うのです。それで後のことは第二第三で、あまり考えて言っているのではないと思います。ただ、一番問題にしているのは、行脚の仕方、行脚の態度、修行者の心持ちなのです。どんな気持ちで修行者が行脚しているか、師を訪ねているか。自分の心持ちがしっかりしていないと、行脚してもむだだぞ、ということです。本当に行脚することが意味をなすためには、どういう気持ちで行脚しているか、どういう心持ちでここに掛搭しているか、ということです。行脚の態度、道を求める態度、それが大事なのです。

お釈迦さまも行脚し、当時インドで最高の師といわれた二人の仙人に導かれ非想非非想処といわれる境地に達しましたが、そこで満足していたら仏教は誕生しませんでした。それはお釈迦さまの行脚の態度が良かったからだと思います。そこに満足しなかったから、そこを去りました。だから師匠ではないんです、大事なのは自分の気持ちです。お釈迦さまのお気持ちです。お釈迦さまが何を本当に求めて修行したか。それが大事なんだ、ということですよね。われわれも何を求めてここで修行しているか、それが大事なんだと思います。

ですから、「今日」とは何か。「今日」とは「一大事」ということです。すなわち、悟りに徹すること。それで「今日」を空しく取り逃がしたら地獄行きだ、と。言句でも古則公案でもない。禅とは自己真性の面目だ、と。「自己真性」、皆さん一人一人の心の本来の面目、それが禅の求めるところだ。そして、その「自己本来の面目」というのは、『臨済録』によりますと、「孤明《こみょう》歴々としている」、孤明歴々と輝いている、というのです。「孤」です。ひとりです。師匠の力を借りて輝くのではないのです。一人一人の底で、孤明歴々と、はっきりと明るく照り輝いているのだ、というのです。そこは師匠も「不伝」、伝えることの出来ない事実なんだ、とこういうのです。

ですから、黄檗禅師は、よその禅師の悪口を言っているのではなくて、事実を述べてくださっているのだと思うのです。こと、自性を見るという段になりますと、それでそれが「一大事」なのですけれども、自己本来の面目を見るということになると、それはお師匠さんも何とも手出し出来ない、お助けすることが出来ないことなんだ、と言うわけです。「恁麼に行脚せば」とは、そこに集まっている大衆の行脚の仕方に注文をつけたわけです。

修行の様子を見ていて、大いに不満だったのでしょう。そこでこういうことを言ったのでしょう。「汝等諸人、尽く是れ噇酒糟の漢なり。恁麼に行脚せば、何処にか今日あらん。還た大唐国裏に禅師無きことを知るや」と。行脚の本当の目的に添うことの出来る、出来ることなら添ってやりたいけれども、力を添えることの出来る禅師なんて、一人もいないんだぞ、ということなんでしょう。

ところが、その意が通じなかったんだと思います。「時に僧あり出でて云く、『只《た》だ諸方の徒を匡《ただ》し衆を領《ひき》いるが如きは、又た作麼生《そもさん》』」。こういう質問を発するわけです。そこで、「檗云く、『禅無しとは道《い》わず』」、禅がないとは言っていないんだ、禅はそう質問する君自身にあるんだ、君自身が問題なんだ、ということですね。だから「禅無しとは道わず、只だ是れ師無し」。それに力添えできる師匠がいないんだ、ということですね。ここのところは「千聖不伝」のところなのです。千人のお聖人が出て来たとしてもどうしても伝えられない。お釈迦さまが出て来ても伝えることが出来ない、という世界なのです。それをこのような形で黄檗禅師は言われたのだと、こう思うのです。

修行僧の脚を洗う——黄檗禅師の母の物語

頌にまいります。以上のようなありようを、雪竇禅師が詠うわけであります。「凜凜《りんりん》たる孤風自《みず》ら誇らず」。全ての禅師方を否定したわけですから、「孤風」ですよね。だけど決して、自分だけ出来るといっているわけではないと思います。儂自身だってそれは出来ない。だけど問題なのはその前のことなんだ、と。君たちのような行脚は儂はしなかったぞ、とこれだけはしっかりと言っていると思います。

それにしても、黄檗禅師のお母さんの話は悲しい物語です。黄檗禅師はそういうところを通っているわけです。決して苦労知らずで行脚していたわけではないのです。故郷《くに》にお母さんを一人残して出てしまった。だけど、お母さんのことはいつも思っていたのだと思います。そしてお母さんの方は、悲しんで泣いて眼が潰れてしまうのです。盲目に近くなります。そして人の顔を見分けることが出来なくなります。しかし、黄檗に会いたい一心で、いつかはきっと自分に会いに来てくれるという一心で、渡し場に出向いて、修行僧の脚を洗うことを始めたそうです。そこへ黄檗は、やはりお母さんの様子を見たくて行くのです。黄檗にはお母さんがわかるわけです。しかし、お母さんの方は、眼がはっきり見えませんので、あんなに会いたがっていましたが、判断がつかずわかりません。そこで、黄檗は脚を出します。黄檗の脚には大きなこぶがあったのです。お母さんはもちろんそれを知っています。それを頼りに息子に出会おうとして足洗いを始めるわけです。ところが、大機大用の黄檗禅師は、巧みにこぶには触らせないのです。そして、脚を洗い終わって黄檗は去っていくわけです。

そこへ村人が来まして、心ない村人だというのですが、それも難しいですね。お母さんに言うのです。「今あなたが足を洗った男が、あんたの子だぞ」と。するとお母さんは狂ったようになって追っかけていくのです。その時はもう黄檗は船の上にいたと言います。お母さんは眼が見えなかったこともあるのでしょうが、そんなことには頓着せずにどんどん進んでいって、川の中に入り、溺れ死んでしまうのです。それを遙か彼方から見ていながら、黄檗はどうすることも出来ないのです。おそらく船を返してもらおうとしても、お母さんに届かないうちに、お母さんは亡くなってしまったのだろうと思います。そこで船上から黄檗が、一つの偈を発するのです。それがいわゆる「引導」の元になったと言われています。

そういう悲しい物語があります。まさに「凜凜たる孤風」です。お仲間意識でやっているのではないのです。ある意味では反発されかねないやり方でやっているわけです。だけど心は違います。自分だってそれ以上に出来ない。南泉さんや潙山さん以上に私が出来るわけではないと、尋ねられたらそう言う心持ちを持って、これだけの啖呵を切っているわけです。「自ら誇らず」、自らを誇っているわけではないぞ、と雪竇さんは評価するのです。

黄檗禅師と大中天子

「寰海《かんかい》に端居《たんご》して龍蛇を定む」。本当に無心なんだ、本当に空の真っ只中から生きているんだ、と。空の真っ只中から、お母さんに一目だけ会って、そしてスーッと帰って行くわけです。「寰海」というのは「天下」でもいいと思います。天下にどんと坐って、その天下より広い空の真っ只中に「端居して」、きちんと坐って、「龍蛇を定む」、相手が龍であるか蛇であるか一目で見抜く、そういう眼力の持ち主だ。だから、そんな行脚の仕方ではだめだぞ、百年したって何も変わらんぞ、と。

そして、昔のことを思うのですね。「大中天子《だいちゅうてんし》曾《かっ》て軽触《きょうそく》」す。唐には、武宗《ぶそう》という唐の皇帝の排仏がありました。寺を壊され、僧が還俗させられ、非常に大きな排仏運動があったのですが、それが武宗という人の時代に起きたのです。その時は巌頭《がんとう》なども渡し守をやっていたような時期で、雪峰も、世に出られないで小さな庵に住んでいた。それが武宗の法難です。その武宗の後に皇帝の位についた方が、この「大中天子」という方なのです。この大中天子という方も、いろいろと権力闘争で逐われておりまして、塩官《えんかん》禅師のもとにいた。そこで黄檗と知り合いになるわけです。「大中天子曾て軽触して」、「軽触」とは軽く触れる、ということです。黄檗とぶつかるわけです。

黄檗という方は、脚にもこぶがありましたが、額にもこぶがあったということです。脚のこぶは生まれつきだったのですけど、額のこぶというのは自分で作ったのです。というのは、瓦に額を打ち付けて何回も礼拝をしたというので、額に礼拝こぶができていたというのです。それくらい礼拝をされた方なのですが、後の大中天子が黄檗をからかうわけです。あんたはいったいなんのために礼拝しているんだ、とこういうわけです。「仏に着いて求めず、法に着いて求めず、僧に着いて求めず。礼拝して還《は》た何の求むる所ぞ」。仏法僧といいますよね。それを三宝というのですが、その三宝を礼拝します。ところが、「仏に着いて求めず、法に着いて求めず、僧に着いて求めず」という言葉があるじゃないか、あんたはよく礼拝しているが、いったい何を求めて礼拝しているんだ、とこう言われたわけです。

　そこで黄檗禅師は答えます。「仏に着いて求めず、法に着いて求めず、僧に着いて求めず」。求めてなんかはいない。「常に礼すること是の如し」と言うのです。何かを求めて礼拝しているのではない。求めない。そうやって自分は常に礼拝しているんだ。求めてはいないんだ、ただ礼拝しているだけだ、とこういうわけです。すると大中天子はそこでやめておけばよかったのですけど、言葉が多かったんですね。まだ続けるわけです。「礼することをもって何かせん」。これはちょっと大中天子は鈍いですよね。何も求めないんだと言っているのに、そんなことをしてどうするつもりなんだ、と言うわけです。

　そこで、「檗即ち掌《う》つ」、黄檗はばしっと一発ぶん殴った、と。平手打ちをくらわしたのです。「大中云く、『太《はなは》だ麤《そ》なり』」、荒っぽい男だ。こう言いますと、「檗云く、『這裏《ここ》什麼《なん》の所在にしてか麤と説き細と説く』と」と言って、黄檗はまたぶん殴ったということです。ですから黄檗は二発ぶん殴ったわけです。「大中後に国位を継ぎ、黄檗に賜いて麤行沙門となす」。そこで、後に皇帝の座についた時、昔を懐かしんで、黄檗に「麤行（荒っぽい）沙門」という名前をあげようとした。ところが、裴休という有名な大臣がおりまして、

「いや、それは相応しくありません」と言って押しとどめて、断際禅師、「時間を断つ」「只今に立つ」という、この則にふさわしい諡《おくりな》を賜った、とこういうわけです。

「大中天子曾て軽触して、三度《みたび》親しく爪牙《そうが》を弄するに遭う」。三度親しく、黄檗の猛虎のような爪と牙とをふるわれた、とこういうことです。三度って、二度しか叩かれなかったんじゃないですか、と言われるかもしれないですけど、そんなことは問題ではありません。最初、答えただけで何もしなかったことを足せば、まさに三度となります。ですから、一つは「機」で終わったんです。外に出しませんでした。だけど後の二回は掌で叩いた。これは「境」ですね。一度目は言葉だけで、「機」に留まった。しかし、これも見る人が見れば、一発殴られたのと同じですよね。ただふるわなかっただけで、殴られたに等しいわけです。そこで「三度親しく爪牙を弄するに遭う」。臨済禅師も同じく三度、三十棒叩かれてお悟りを開かれました。その同じ黄檗です。ですから、臨済のことを考えて「三度」と言っているのかもしれません。二度なんだけれども、三度臨済を叩いたのと同じ「爪牙」だ、という気持ちもあったかもしれません。ですから、ここは三度でいいんだと思います。そこのところに何とも言えない味わいを感じていただくに越したことはないと思います。

「禅無しとは道わず、只だ是れ師無し」

「禅無しとは道わず、只だ是れ師無し」というところに、昔の人は黄檗の純粋さを見ているのです。僧に食って掛かられたんです。南泉禅師もいるじゃないですか、潙山禅師もいるじゃないですかと言われて、弁解しようと思えば出来ないわけじゃないですよ、この僧のほうが見取っていないだけですから。ところでそれに対して弁解一つもせず、「禅無しとは道わず、只だ是れ師無し」と自分の主張のほうを抑えた形になっています。ですからそこに、黄檗禅師の法に対する思いというか、法を立てるという心根を見取るところだと思うのです。

たとえば、三十二則でしたか、臨済が登場しまして、定上座という人を見性に導く話があります。その時、師匠である臨済が見性に大いに直接加わっていると思います。そして、もう一人傍にいる人が補助しているのです。そして、定上座が大悟したということになっています。しかし、それはたまたま大悟してくれたからよかったのです。そういう時に必ず大悟出来るかというと、それはわからないのです。そうするとやはり大悟した定上座が

心外無別法

偉かった、と言わざるを得ません。ですから、時節因縁と言いますか、他人は助けられないということでしょうか。しかし、他人は助けられませんけれども、思っても見なかったものが助けとなる、ということが言えると思います。私たちは人間ですから、人間を頼りにするものなのですけど、人間でないものが助けてくれるという形で、見性というものは成就するのだと思います。

それで、大きく時節因縁ということを言うわけです。時節因縁がないと、なかなか眼が開けないということです。だけど、そういう用意をするのは自分ですよね。そのために大事なのは何か。師匠も大事だけれども、まず自分自身がしっかりと、行脚のありようというものを立てなければいかんぞ、とこういうふうに、ここでは黄檗禅師は言っているのではないかと思うわけであります。

殺人刀と活人剣――第一二則「洞山麻三斤」

【垂示】垂示《すいじ》に云《いわ》く、殺人刀《せつにんとう》、活人剣《かつにんけん》は、乃《すなわ》ち上古《じょうこ》の風規《ふうき》にして、亦《ま》た今時《こんじ》の枢要《すうよう》なり。若《も》し殺《せつ》を論《ろん》ぜば、一毫《いちごう》も傷《きず》つけず。若《も》し活《かつ》を論《ろん》ぜば、喪身失命《そうしんしつみょう》す。所以《ゆえ》に道《い》う、「向上《こうじょう》の一路《いちろ》は千聖《せんしょう》すら伝《つた》えず。学《まな》ぶ者《もの》の形《からだ》を労《ろう》すること、猿《さる》の影《かげ》を捉《とら》えんとするが如《ごと》し」と。且《しばら》く道《い》え、既《すで》是に伝《つた》えずんば、為什麼《なにゆえ》にか却《かえ》って許多《おおく》の葛藤公案《かっとうこうあん》ある。具眼《ぐげん》の者《もの》は、試《こころ》みに説《と》き看《み》よ。

【本則】挙《こ》す。僧《そう》、洞山《とうざん》に問《と》う、「如何《いか》なるか是《こ》れ仏《ぶつ》」。山云《さんいわ》く、「麻三斤《まさんぎん》」。

【頌】金烏《きんう》急《すばや》く、玉兎《ぎょくと》速《はや》し。善《よ》く応《おう》ず何《なん》ぞ曾《かっ》て軽触《きょうそく》有《あ》らん。展事投機《てんじとうき》に洞山《とうざん》を見《み》る、跛《は》鼈盲亀《べつもうき》は空谷《くうこく》に入《い》る。花簇簇《はなそうそう》、錦簇簇《にしきそうそう》、南地《なんち》の竹《たけ》、北地《ほくち》の木《き》。因《よ》って思《おも》う、長慶《ちょうけい》と陸大《りくたい》夫《ふ》、解《よ》くぞ道《い》えり、「笑《わら》う合《べ》し、哭《な》く合《べ》からず」と。咦《い》。

「色即是空」と「空即是色」

では、垂示から見ていきます。「垂示に云く、殺人刀、活人剣は、乃ち上古の風規にして」と。この「上古」といいますと、ちょうど「古仏」というような感じですね。その時代を尊ぶ時にはよく「上古」という言い方をするのではないかと思います。そういう昔の時代の「風規」、つまり自然に定まったことにして、ということです。人間が人智でもってそうしたのではなくて、人間の人智も含めてもっと大きな力によってそう決まったこと、というのです。「上古の風規にして、亦た今時の枢要なり」。また、今の世の大変大事な事柄である、とこう言っておられます。ということは、上古の昔から今に到るまでずっと、この「殺人刀、活人剣」というのは、大事なことを言っているのだ、ということだと思います。

そこで、今ここで「殺人刀、活人剣」というのをどういうふうに捉えたらいいか、ということをまず考えてみたいと思います。それには二つの句を覚えていただけたらと思います。同じ一つの事柄を二人の人が詠っています。一人は、「大千世界《みちおおち》に　虫哭すなり　逝《ゆ》きたもう」、こういう句を作られたわけです。違う人は、この同じ所で、「一炷《いっちゅ》」、これは線香一本が燃えつきる間の時間ですね、「一炷の坐　亡き師に捧ぐ　虫時雨」。こういう二つの句が、同じ場所で作られたわけです。二人とも、この「亡き師」のお弟子さんです。お弟子さんの中で、偶然に二人の人が句を作った。そしてその句がこのような形となって出来上がったわけです。この二つを比較して、どうでしょうか。どのようなことを感じられるでしょうか。

同じ場を詠ったのです。もっと具体的に言いますと、遷化されたお師匠さんは常々お弟子さんに向かって、自分が亡くなったら葬儀はしなくてもいい、弟子たち皆が一炷坐って、あと『般若心経』一巻を読みあげて送ってくれたらいい、とこういう言い方をしていました。そして弟子たちはそれを実行したわけです。そこで共に一炷の坐を組みました。そして『心経』一巻を読みあげまして、茶毘に付したわけであります。その時たまたまですが、この二つの句が出来たわけです。

この二つの句の違いをどこに見るでしょうか。九月の十三日にお亡くなりになりましたので、二つの句とも秋の虫が鳴いているということが詠み込まれています。お師匠さまが亡くなられたということと結びつけて、虫の鳴き声が詠われているわけです。一つは、「大千世界に　虫哭すなり　逝《ゆ》きたもう」ですよね。虫たちが、お師匠さんの死を悲しんで、悼んで鳴いている。それはまるで、三千大千世界の彼方にまで届くような大きな悲しみと限りない悼みとを持って鳴いている、と聞こえます。こういう大きなスケールを持って聞こえますよね。もう一方の「一炷の坐」のほうはどうでしょうか。「虫時雨」ですから、大いに鳴いているのですけれども、それがどこへ行くわけでしょうか。「一炷の坐亡き師に捧ぐ　虫時雨」。その虫時雨が、一炷の坐を組んでいる一人ひとりの坐相の中にスーッと吸い込まれていくと、そういう感じがいたしませんでしょうか。そのように私は感じました。

ところで、「四大《しだい》」という言葉があります。四つの大きな大元素ということです。私たちすべてを作る、大は大千世界から、小は鳴いている虫に到るまで、あるいは一炷の坐を組んでいる私たちまで、皆この四つのもので出来ているんだ、と昔の人はそう捉えたのです。その四つは、「地、水、火、風」です。「地、水、火、風」の四つから出来ているのです。それで今でも卒塔婆、五輪の塔というものがありますが、それがこれを表しています。それ一番下が四角くなっていますが、大地を表しています。その上が丸になっています。それが水を表しています。その上が三角になっています。これが火だそうです。そしてその上が半円です。これが風です。四大で五輪の塔の下の四つを作っているのです。そして五輪の塔ですから、これに一つ加わりますよね。それはなんでしょうか。それは空です。そしてそれは宝珠になっているのです。こういう五輪の塔が、今でも墓地にあるわけです。

これは面白いと思います。私たちの身体は四大で出来ています。その四大で出来ている私たちが、苦労に苦労を重ねて空に辿り着きます。それが「色即是空」です。「色即是空」と言うと、スーッと行けそうですが、実際にはなかなか行けません。苦労に苦労を重ねて行くわけです。それで「いろは歌」では、「うゐのおくやまけふこえて」というのです。有為の奥山を今日ようやく越えることが出来て、空の世界に着きましたというのです。

そうすると、『般若心経』はすぐ折り返して、「空即是色」というのです。この大きくて広々とした空の世界を楽しむ間もないくらいすぐに、「空即是色」、ここへ帰れと命令するわけです。そうして帰ってきたこの「空即是色」という世界は、空を頭に載せている、空の宝珠を頭に載せているのです。空を通って来ましたから。そうすると、最初の色とは違いますよね。そこで、最初の色に対して「妙有」と言います。何とも言いようのない有となって、ここに帰っている、というのです。

「殺人刀」と「活人剣」

まとめますと、ここで「殺人刀」と言っております。これは何を言っているのでしょうか。『心経』で言う、「色即是空、空即是色」のどのあたりを言っているのでしょうか。この「殺人刀」は、人を殺すということではないようですね。一番無難な言い方をしますと、先ず私たちの持っている煩悩、執着を払い落としてくれる、それが殺人刀の第一の働きなのではないでしょうか。いわゆる禅で言う「賊機」ということです。そしてもう一つ難しいことを言うわけです。煩悩、妄想を取っ払えばいいのか、それで空に達するのかと言いますと、それだけではだめなんだと禅は言うのです。煩悩、妄想だけを取っ払っても空には行けないぞ、とこう言うわけです。

「殺人刀」ということで思い出されますのが、禅の言葉で、物騒な言葉ですが、「仏に逢えば仏を殺し、祖に逢えば祖を殺す」という言葉があります。これはまさに「殺人刀」ですよね。ですから空には、十牛図の第八図を頭に思い描いてください、何もありませんよね。一応修行の成就したはずの第七図の若者も消えております。ですから、煩悩、妄想はもとより、仏も祖師もあってはだめだ。それがあるままでは空とは言わさんぞ、ということです。仏や祖師を慕う気持ちが残っていたら、それも煩悩だ、という言い方なのでしょうか。ですから、良いものも悪いものも皆、殺し尽くさなければならない。そうすることによって初めて空の世界に辿り着けるのだ、というのです。

四大からなる人が、「色即是空」と空の方に向かうのが、ひとえに「殺人刀」です。殺人刀を揮って空の世界に辿り着くのです。そして空の世界に辿り着きますと、今度は「活人剣」に変わります。活人剣を揮って、またここへ帰ってくるのです。「空即是色」です。そこでここで、また人間が復活するわけです。しかし、この時は空を通って来ていますから、空を、宝珠を頭に載せて帰ってきている。以前は四大ですね。今度は五大となって帰ってくる。その区別を言葉で言いますと、行くときは人です。帰ってくるときは、何になって帰ってくるのでしょうか。菩薩となって帰ってくるのです。菩薩となって、宝珠を頭に頂いて帰ってくるのです。これは臨済禅師がそう言っています。これが「活人剣」です。

ですから、「殺人刀、活人剣」というのは、『心経』の言葉で言えば「色即是空、空即是色」ということです。そしてこれが、「上古の風規にして、亦た今時の枢要なり」、古《いにしえ》のよき時代から自然と決まったよき決まりであり、その決まりはまた、今もなくてはならない肝心要の決まりなんだ、と、このように先ず垂示で圜悟克勤禅師がお示しになっているのです。

こう理解していただきますと、次の言葉がわかりやすくなります。「若し殺《せつ》を論ぜば」、殺すと言うところを論じると、「一毫も傷つけず」、髪の毛一本傷つけていないと言うわけです。大いに実感していただきたいところです。なるほど、本当にそうだと納得して思っていただけたらいいと思います。そういうことが出来るために、この祥福僧堂は臨済禅でありますから公案で修行していますが、そのなかの「難透」の公案を次から次にぶつけるわけです。「いろは歌」で言えば、「うゐのおくやまけふこえて」というところです。皆様ですと、生きていく上でいろいろなご苦労をなさる。苦労に苦労を重ねていただくと、この「一毫も傷つけず」というところがすーっと呑み込めていただけるのではないかと思います。

「若し活を論ぜば、喪身失命す」。逆ですよね、普通で言えば。空の世界からここへ帰ってくると、ガラッと変わっている。人から菩薩に変わるのですから、ガラッと変わっていますよね。これが「喪神失命」なのです。人間という身体は全く失われて、そして菩薩という身体となって帰ってくる、こういう感じです。見た目には同じ人間なのですが、その中身から言えば、もう人ではない、菩薩となって帰ってきているんだというのです。

菩薩として生きる

実際にあった例を一つ出してみますと、良寛さんの有名な話ですから、ご存じかと思います。良寛さんが、「どうもうちの息子が最近おかしい。ちょっと、家に来て意見してくれないか」と弟さんに頼まれるわけです。そこで良寛さんは、二、三日滞在して、その間に様子をみて意見しようという約束で出かけていきます。ところが、良寛さんは一向に意見してくれないのです。そこで弟さんはやきもきするわけです。ところが、意見しないままに良寛さんは急に帰ると言い出すのです。弟さんは困ってしまうわけです。意見してもらうために呼んだのに、意見しないまま帰られても困るな、兄貴は、というわけです。息子さんは喜びますよね。薄々は良寛さんがなぜ来たのかと言うことは分かってます。その良寛さんが帰るというわけですから、うるさい説教を聞かなくて済んだと喜びますよね。
そして、良寛さんが帰るからと、玄関に出まして、草鞋を履いているその草鞋の紐を、その息子さんが結ぶわけです。息子さんにしては、それくらいのサービスをしようという気にもなりますよね。何も言わないで帰ってくれるのですから、嬉しくて仕方ないのです。そうして草鞋の紐を結んでおりますと、その上に、ぽつっ、ぽつっ、と何か落ちてきた。それで、あれっと思って見ると、それは良寛さんの涙だった。良寛さんの涙が、ぽつん、ぽつんと草鞋を結んでいる自分の掌の甲に落ちてきた。そして、それを機に、なぜか息子さんの放蕩が止んでいるのです。何を感じたか、それを機に息子さんが問題児ではなくなったというのです。

これはどういうことかと言いますと、良寛さんがどんな心で涙を落としたか、ということが大事なんだと思います。その良寛さんの心が、以心伝心で息子さんに伝わって、息子さんの放蕩が止んだのだと思います。良寛さんから見ると、この息子さんは放蕩息子ではないのです。菩薩なのです。まさに菩薩なのです。何と言っても、帰るときに草鞋の紐を結んでくれているではないですか。まさに菩薩なのにどうして、という気持ちでしょうね。本来は菩薩なんだ、なのにどうして迷っているのか、放蕩しているのか、という気持ちが涙となって落ちたのだと思います。

これも『臨済録』の中にある言葉ですが、こういうことを臨済禅師が言っております。「爾《なんじ》が」、つまり皆さんの「一念心の疑」、一心の上にふと懐く疑いの一念が、「地に来たりて」、四大で言いますと、大地となってやって来る。どこにやって来るかというと、自分自身にです。ちらっと疑いの念を起こした自分に返ってくるのです。そして、その疑いの一念が自分を動けなくしてしまう、というわけです。これは何かわかるような気がします。臨済さんは本当に上手く言ったなと思います。ここには全てが入ります。疑いですから、煩悩も、煩悩とまでは言えないものも入ると思います。またそれには知性も含まれていると思います。疑いとは知性があるから起こります。頭の鋭い人であればあるほど、疑いというのは兆すのではないでしょうか。それがある意味で、先ほどの話で言うと、祖師や仏のほうに行くわけです。ですから、知性を含めてもいいと思います。

ちらっと、人や物に対して疑いの念を起こすと、それが自分に跳ね返ってきて、大地ですから、壁となるか押しつぶすか、いろいろ言い方があるでしょうけれども、自分自身の自由な動きを出来なくしてしまうのです。まさに自分を縄で縛るといいますが、そのことですね。自分の起こしたちらっとした疑いの念が、自分自身を不自由にするのだ、というわけです。

第二番目は水でした。ここでは「愛」という言葉を使っています。「爾が一念心の愛、水に来たって溺らさす」。それが水となって自分に返ってきて、自分を溺れさせる。なぜ溺れるか、愛ゆえに、ということですね。これもよくわかりますよね。身につまされるところであります。

では、どうしたらそれを回復できるのか。臨済禅師は、それは自分が起こした疑いなんだ、自分が起こした愛なんだと。そこに問題を見るのです。本来は何にも無いんだ、何にも無いところに疑いを起こしたんだ、愛を起こしたんだ。だから、その本来に帰ればいいというのですね。

そこで、菩薩方の名前を出すのです。例えば、文殊さんはどうか。中国のことですから、五台山に言及しているわけです。修行者は皆一度は修行中に五台山を詣でて、文殊さんを拝むということだったようであります。しかし、本当の文殊はそんなところにはいないぞ、と臨済さんは言うのです。五台山にいる文殊というのは本当の文殊ではない、名前だけだ、というのです。「名句」、言葉だ、と言います。では、本当の文殊はどこにいるか。それは、こうやって話す臨済の言葉を、臨済の眼の前で聞いてくれているあなた方がそれだ、と言うのです。

ですから、良寛さんも臨済さんと同じお気持ちだったと思うのです。本当の生きた文殊を生きていながら、どうしてそれに気がつかないのか、これが良寛さんの涙でしょうね。しかし、さすがの良寛さんもそのことを上手く言えなかったのだと思います。それで、説教は一切出来ないままで帰ってしまったわけでありますが、しないほうがよかったのでしょうね。逆に、息子の方がそれをしっかりと感じとって、そしてぷつりと放蕩が止んだということです。

夢の如く、幻の如く、それが空です。そう見ることが出来れば、そこに文殊が誕生するわけです、普賢さんが誕生するわけです。観音さまが誕生するわけです。そしてもう人ではなく、そこから菩薩としての生き方が始まるということだと思います。だけど、菩薩という名前が大事なのではありません。大事なのは、観音とか文殊とかいう菩薩の名前ではなくて、その真の文殊です。山岡鉄舟は、「先生の剣道の極意は何ですか」と問われて、「浅草の観音様に預けてある」と、こう言ったそうです。そこで行動力のあるその人は、すぐに飛んでいって見たというのです。そこで何を見たのでしょうか。そこには「施無畏」と書かれている額を見たというのです。「畏れ無きを施す」というのです。恐れを取ってくださる。それが観音さま。そういう働きをする人こそが、本当の観音さまなのです。「観音」という名前ではないのです。その人に会っていると救われる、何となく落ち着けるというような、そういうお方が観音さまなんだと思います。

向上の一路――葛藤公案

「所以に道《い》う、向上の一路は千聖《せんしょう》すら伝えず」。そこで、「向上」、これは仏の更に上ということだと思ってください。仏さんのところまではわかるけれども、その上のところの消息は、いわゆる「仏を殺し、祖を殺す」というような向上の一路は、「千聖すら伝えず」、良寛さんですら伝えることが出来なかったんだ。

「学ぶ者の形《からだ》を労すること、猿の影を捉えんとするが如し」。「学ぶ者」、仏道を歩む者の「形を労すること」。これは、身体に執われることです。なかなか私たちの身体、四大が、夢の如く、幻の如くとは見えないわけです。それでいろいろと苦労する。本当に苦労する。そのような状態で、いつ「うゐのおくやま」を越えることが出来るか。「猿の影を捉えんとするが如し」。大勢の猿が、水面に映った月影を天上にある月と思い違いをして、手を繫いで水面からすくい取ろうとした。しかし、枝が折れて全員が川にはまってしまった。そのようなものだというのです。

「且《しばら》く道《い》え」。「まあ、言ってごらん」。「既是《すで》に伝えずんば、為什麼《なにゆえ》にか却《かえ》って許多《おおく》の葛藤公案ある」。伝えることが出来ないとしたら、どうしてかえって多くの葛藤公案があるのか。伝えられるからこそ、多くの葛藤公案があるのです。その多くの葛藤公案のどれでもいいから一つ透ったとき、この「千聖不伝」の何ものかが実感できるというのが、公案禅の生き方／行き方です。皆さんで言えば、「うゐのおくやま」、苦労に苦労をかさねて、いろんな苦労をして、ある時はっと気がつくというか、そういう時。「具眼の者は、試みに説き看よ」、ここに「麻三斤」の公案を挙げるから、「千聖不伝」のままで伝えられる「時」の秘密の一端なりと、具眼の者は披露願いたいと、この本則の見方を示されているわけであります。

麻三斤の世界

本則に入ります。「挙《こ》す。僧、洞山に問う、如何なるか是れ仏。山云く、「麻三斤《まさんぎん》」。これも一つだけ言わせていただきますと、これは凄い問いであり、凄い答えであると、こう思っていただきたいと思います。「如何なるか是れ仏」と問います。「仏さんとはどのようなお方ですか」。仏道を歩む者は誰だってこれくらいのことを聞いて当然だと思うかもしれませんが、この問いは大変な問いだと思うのです。

どうしてかと言いますと、先ほどいいましたが、「仏を殺し、祖を殺し」、これが禅です。自分の煩悩を断ち切るのは当然のこととして、仏や祖師たちをも切り捨てているか、これが問われるのが禅です。そして禅の師匠である洞山に向かって、「如何なるか是れ仏」と問うています。洞山はもちろん「仏を殺し、祖を殺し」のところに生きています。そうすると、これはどんな答えが返ってくるかわかりません。棒でぶったたかれるかもしれない、一喝されるかもしれない。まことに怖いもの知らずの問いです。少し心得のある者であれば、「如何なるか是れ仏」などとは問えない、そういうところの問いだと思います。

ところが洞山和尚がそれに対して答えたのは、棒で叩くでもなく、一喝でもない、「麻三斤」と答えたというのです。よかったですよね。棒も飛んでこなかった、一喝もなかったわけであります。この洞山がおられたところは、麻の産地であったそうです。衣一着ぶんが、麻三斤であると、いろいろな研究がなされております。ですから恐らく、洞山の眼の届くところに麻三斤があったのでしょう。「麻三斤」と答えたということです。

頌にまいります。「金烏《きんう》急《すばや》く、玉兎《ぎょくと》速《はや》し」。「金烏」というのは太陽です。「玉兎」は月です。「善《よ》く応《おう》ず何《なん》ぞ曾《かっ》て軽触有《きょうそくあ》らん」。「善く応ず」、問いに対してよく答えた。この「麻三斤」という洞山和尚のよき答えは、「何ぞ曾て軽触有らん」。いわゆるこの質問の核心を逸れていない、問いの核心をいささかも傷つけずに受け止めて「麻三斤」と答えたのだ、というのです。避けても逃げてもいない。その問いを真っ向から受けて「麻三斤」と答えている。ですからある意味「金烏急く、玉兎速し」というのは、洞山の答えが、僧の問いに間髪を入れずパッと答えたことを言っているのです。それはまさに、太陽から発する光の如く、月の発する反射光の如く、その問いに対して間を置かず、いわゆる撃石火という形で素早く「善応」が出た。それはまさに無分別だというのでしょう。分別して知性で答えたのではない、無分別で答えたのだ、それがこの答え、「麻三斤」だというのです。

もしそこに間《ま》を入れたら、私たちは空間・時間の三次元の世界を生きているのですが、その世界にもっていったら、もう洞山は見えないぞ、というのです。それは言葉の上では、「展事投機《てんじとうき》に洞山を見る」。常識的な見方で洞山を見ようとしたら、「跛鼈盲亀《はべつもうき》は空谷《くうこく》に入《い》る」。跛鼈盲亀となって、がらんとした大きな谷底に入るようなものだ。あてどない谷間に入り込むことになるぞと。「花簇簇《そうそう》、錦簇簇《そうそう》」。見てごらんなさい。春は百花爛漫、秋は千山の紅葉ではないかと、「南地の竹、北地の木」。暖かいところに生える竹、寒いところに生える木、どこもかしこも仏に溢れているではないか。

「因って思う、長慶と陸大夫、解《よ》くぞ道《い》えり、笑う合《べ》し、哭《な》く合《べ》からずと」。「跛鼈盲亀は空谷に入る」という言葉に触発されて、長慶と陸大夫が出て来たのでしょうか。長慶と陸大夫の話を思う。南泉禅師がお亡くなりになった時、お弟子さんですから馳せ参ずるのですが、馳せ参ずると、普通はお通夜ですから「哭」するのですが、どういうわけか、陸大夫は笑い出した、というのです。そうしますと、そこの院主さんが怒るわけです。「なんたることだ、弟子でありながら、師匠の一大事に際して笑うとは何事だ」と。そうしますと、陸大夫は、「ならば院主さん、一句言ってください。一句言い得たら泣きましょう」と、こう言いました。そうしたら院主さんは、一句を言い得なかった。そうすると、ここで「悲しや、悲し」と、わんわんと泣き出したと言うのです。

師匠が亡くなったのですから、どうしても笑えないところです。しかし陸大夫はそこを笑ってしまったのです。神戸大学坐禅会のもとをつくってくださった稲葉先生が、昭和十

一剣天に倚って寒し

三年の神戸大水害の折の、九死に一生を得て下宿に帰り着き、下宿のおばさんの顔を見た時の体験をもとに、人はいったん極限の状況になると、もう泣くのも笑うのも同じなんじゃないかとおっしゃってくださいましたが、これは卓見だと思いました。笑いとか泣くことの区別がなくなるわけです。

でもそれが、ある意味で禅だと思うのです。いつも「殺人刀」と「活人剣」の二つがあるわけではないと思います。それらが一つとなったところ、そこに禅があるのだと思います。

そして最後は「咦《い》」と言っています。何とも言えない、と頌を閉じているわけです。

あとがき

この本は、かつて名を馳せた神戸大学「般若団」の方々を中核に、今は市井の人々も加わって、月一回、祥福寺書院に五十人前後の人達が集う「神戸大学 The Zen 会」において語りかけたものです。

拙い話しを真摯な面差しで聴き止めてくださる、そんな張りつめた雰囲氣の下で、語り手自身が一番氣合を入れられる会でもあります。

神大般若団創始者、稲葉襄先生に初めて親しくお目にかかったのは、先生が「南泉斬猫」についての独自の見解をお持ちだと伝え聞いて、芦屋のお住いにお訪ねした、僧堂で修行中の時でありました。

その折、思いもかけず、奥様のお手になるすばらしいご馳走にあずかり、そのおいしさに圧倒され、肝心の先生独自の見解もお料理ほどに咀嚼できず、お部屋を飾る花も目に入らぬままに帰途についた、今も昔も相い変らぬ忘恩の徒でありました。

その先生は、今の「神戸大学 The Zen 会」を、あの世からどうご覧になっておられましょうか。そのことはともかく、「碧巖の風」などと大それた題をつけておって、風など一向に吹いて来んではないか。「深く来風を辯ず」というが、風が起らんだったら、辯じようがないではないかと、お叱りを受けるのを覚悟しての上梓であります。

背中を押してくれましたのは、この世に生きている周囲の人達の真剣な顔《かんばせ》でありました。そのお一人、薩摩茶屋の当主、郷原達人さんは七十五年の来し方を込めて「許し」と題してうたいます。

人の世は　委ねゆだねて知り染めし　許しゆるされ　我があるを知る　一点の朱《あけ》

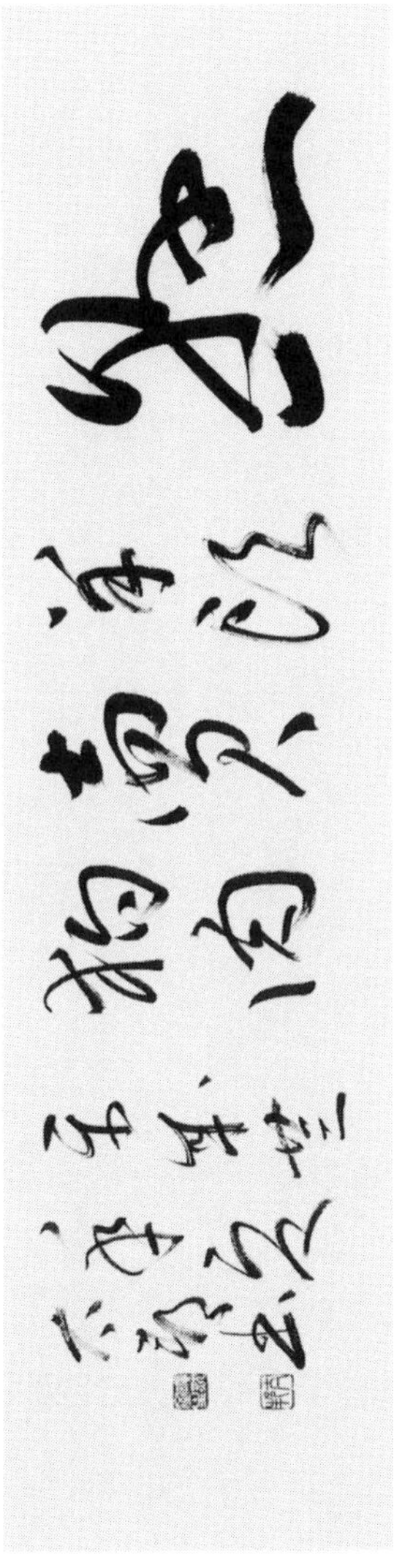

このたびも、難渋なテープを起こして整理してくださいました編集部の方々はじめ、神田明会長、澤畑吉和社長、終始檄《げき》を飛ばして励ましてくださった佐藤清靖編集長に、心からの感謝を捧げます。ありがとうございました。

平成二十七年十月十四日

天門山裡

木村太邦

木村太邦（きむら　たいほう）
昭和15年、東京生まれ。昭和38年、早稲田大学法学部卒。同年、商社に入社、10年間の営業生活を送る。昭和44年、真人会（秋月龍珉先生主宰）入会。昭和48年、山田無文老師について得度。同年、祥福僧堂に掛搭。無文老師、河野太通老師に参じる。平成7年、祥龍寺入山。平成16年、祥福寺入山。現在、祥福僧堂師家、ならびに祥福寺住職。

碧巌の風

二〇一五年十一月十一日　第一刷発行

著　者　木村太邦
発行者　澤畑吉和
発行所　株式会社　春秋社
東京都千代田区外神田二―一八―六（〒一〇一―〇〇二一）
電話（〇三）三二五五―九六一一　振替〇〇一八〇―六―二四八六一
http://www.shunjusha.co.jp/
印刷所　萩原印刷株式会社
装　丁　本田　進
定価はカバー等に表示してあります。
 ISBN978-4-393-14428-2